[Wissen für die Praxis]

Weiterführend empfehlen wir:

Patientenverfügung und andere Vorsorgemöglichkeiten
ISBN 978-3-8029-4084-2

Ihre Rechte gegenüber Ärzten, Kliniken, Apotheken und Krankenkassen
ISBN 978-3-8029-4107-8

Wie bekomme ich einen Schwerbehindertenausweis?
ISBN 978-3-8029-4087-3

Das gesamte Behinderten- und Rehabilitationsrecht 2019
ISBN 978-3-8029-5259-3

Das richtige Hilfsmittel für mich
ISBN 978-3-8029-7553-0

Die Neue Vorsorge-Mappe mit CD-ROM
ISBN 978-3-8029-1331-0

Helga Lammel-Müller

Ihre Rechte bei Diagnose Krebs

Antragstellungen und Leistungen
Informationen und praktische Tipps

2., aktualisierte Auflage

WALHALLA

Bibliografische Information der Deutschen Nationalbibliothek
Die Deutsche Nationalbibliothek verzeichnet diese Publikation in der Deutschen Nationalbibliografie; detaillierte bibliografische Daten sind im Internet über http://dnb.dnb.de abrufbar.

Zitiervorschlag:
Helga Lammel-Müller, Ihre Rechte bei Diagnose Krebs
Walhalla Fachverlag, Regensburg 2019

Hinweis: Unsere Werke sind stets bemüht, Sie nach bestem Wissen zu informieren. Alle Angaben in diesem Buch sind sorgfältig zusammengetragen und geprüft. Durch Neuerungen in der Gesetzgebung, Rechtsprechung sowie durch den Zeitablauf ergeben sich zwangsläufig Änderungen. Bitte haben Sie deshalb Verständnis dafür, dass wir für die Vollständigkeit und Richtigkeit des Inhalts keine Haftung übernehmen.
Bearbeitungsstand: Oktober 2019

2., aktualisierte Auflage

Produktion: Walhalla Fachverlag, 93042 Regensburg
Printed in Germany
ISBN 978-3-8029-4113-9

Schnellübersicht

Diagnose Krebs – das sollte ich wissen!

Wer die Diagnose Krebs erhält, befindet sich häufig erst einmal in einer Schocksituation. Bis zu diesem Zeitpunkt der Diagnosestellung haben sich viele Menschen nicht oder nur am Rande mit dem Thema Krebs befasst und so mancher setzt die Diagnose Krebs mit dem Tod gleich. Dies muss aber nicht der Fall sein. Es gibt heute immer häufiger Fälle, in denen eine gute oder gar sehr gute Heilungsprognose besteht.

Ich selbst kenne im Bekanntenkreis einen Fall, bei dem der Krebs nach dem ersten Ausbruch noch zwei weitere Male zurückkam und dieser Bekannte bereits während der dritten, besonders starken Chemo um die letzte Ölung bat. Dieser Bekannte erholte sich nach der dritten Chemo so gut, dass er heute wieder in ferne Länder/Kontinente reist, das Leben in vollen Zügen genießt und inzwischen als geheilt gilt. Die Diagnose Krebs bedeutet also nicht zwingend, dass damit das Lebensende und der Tod verbunden sind. Selbst dann nicht, wenn der Krebs wiederkommt (ein sog. Rezidiv).

Selbst in Fällen, in denen Ärzte eine Heilung ausschließen, können an Krebs erkrankte Patienten mit der richtigen Behandlung häufig noch eine Zeit lang gut und schmerzfrei leben. Auch hier kenne ich einen Fall, bei dem ein Arzt einem Patienten noch eine Lebenszeit ohne Chemo von 6 Monaten und mit Chemo von 1 Jahr prognostizierte. Dieser Patient lebt deutlich länger, als die Ärzte prognostiziert hatten.

Als selbst Betroffene bin ich persönlich der Auffassung, dass mir (Fach-)Wissen die Angst und Hilflosigkeit nimmt. Unwissenheit macht Angst und dagegen kann ich angehen, indem ich mir sehr viel Fachwissen anlese. Seit vielen Jahren befasse ich mich auch wegen weiterer schwerer Erkrankungen mit medizinischen Themen und Begrifflichkeiten.

Damit meine ich nicht, dass ich mich in erster Linie durch Foren und dortige Erfahrungsberichte lese, sondern dass ich mir medizinisches Fachwissen anlese. Je mehr medizinisches Fachwissen jeder Patient hat, umso besser kann er gezielte Fragen bei Arzt- und Narkosegesprächen stellen und umso weniger Angst muss er haben. Er versteht genau, was Ärzte sagen und kann ggf. konkret nachfragen. Ich rate daher jedem Betroffenen, sich umfassend über seine spezielle Krebsdiagnose und insbesondere auch entsprechende Operations- und Behandlungsmöglichkeiten zu informieren. Gleiches gilt für eventuell vorhandene weitere Erkrankungen, die eventuell Einfluss auf die Krebsbehandlung nehmen können.

Dieser Ratgeber kann aber nur allgemeine Ratschläge zum Thema Krebs geben. Es ist daher wichtig, dass Sie sich über Ihre spezielle Krebserkrankung selbst aktiv informieren. Als erster persönlicher Ansprechpartner sollte Sie Ihr Facharzt beraten können. Auch die Deutsche Krebshilfe bietet umfangreiches Informationsmaterial zu diversen Krebserkrankungen kostenlos an. Das Internet bietet umfangreiche, kostenlose Möglichkeiten, sich je nach Krebserkrankung zu informieren. Achten Sie aber darauf, dass Sie sich auf seriösen Seiten wie z. B. Informationsseiten von Kliniken oder Beiträgen von seriösen Ärzten befinden. Wenn Sie medizinische Fachbegriffe nicht verstehen und diese nicht im angehängten Verzeichnis zu finden sind, können Sie diese in eine Suchmaschine eingeben und suchen. So finden Sie eine einfache Übersetzung lateinischer/medizinischer Fachbegriffe, mit denen Sie später auch Ihre Befundbriefe lesen und verstehen können.

Leider war es bei mir so, dass ich während der Krebsbehandlung mit derart vielen Broschüren und Unmengen von Informationsmaterial überschüttet wurde, dass ich während der Behandlung körperlich überhaupt nicht in der Lage war, diese Unmengen von Informationen aufzunehmen, zu verarbeiten und geschweige denn, den knapp zwölf Zentimeter hohen Stapel an Broschüren zu lesen. In diesem Buch möchte ich die – aus meiner Sicht – wichtigsten Informationen bündeln.

In der heutigen Zeit ist der selbstbestimmte Patient für sich und sein Leben selbst verantwortlich. Er sollte proaktiv behandelnde Ärzte über etwaige persönliche Probleme (wie z. B. Medikamenten-, Narkoseunverträglichkeiten, Vorerkrankungen) hinweisen und zusätzlich auch darauf achten, dass diese Informationen während der Behandlung auch wirklich Anwendung und Berücksichtigung finden. Es wäre nicht das erste Mal, dass Ärzte und

Pflegepersonal sogar notierte Unverträglichkeiten übersehen oder Medikamente falsch dosieren bzw. Medikamente geben, die nicht oder nicht in diesen Dosen verabreicht werden dürften.

Ein gut informierter, selbstbestimmter Patient geht nach der (Verdachts-)Diagnosestellung gut vorbereitet in alle weiteren Untersuchungs- bzw. Besprechungstermine, indem er sich möglichst selbst vorab umfassend informiert und entsprechende schriftliche Fragelisten für dieses Gespräch vorbereitet und mitbringt. Diese Fragelisten geben Ihnen die persönliche Sicherheit, damit Sie vor Aufregung keine Frage vergessen.

Wie oben schon erwähnt, sitzen betroffene Patienten oftmals geschockt zuhause und fragen sich: „Warum ich?" Sie wissen nicht, was mit ihnen passiert und was jetzt zu tun ist. Dabei ist es jetzt besonders wichtig und sinnvoll, gerade die Zeit nach der Diagnosestellung besonders zu nutzen. Zu Beginn der Behandlung steht dem Patienten meist noch deutlich mehr körperliche Kraft zur Verfügung, die im Laufe der Behandlung unter Umständen immer weiter schwinden kann, da Krebsbehandlungen oft kräftezehrend sind.

Der Behandlungsablauf ist bei jedem Krebspatienten individuell und kann daher in der Reihenfolge völlig unterschiedlich sein. So kann beispielsweise bei einem Krebspatienten zuerst eine Operation und/oder Strahlentherapie erfolgen, während bei einem anderen Patienten zuerst eine Chemotherapie durchgeführt wird. Bei einem dritten Patienten erfolgt eventuell nur eine Operation, Chemo- oder Strahlentherapie.

Trotzdem ist es wichtig, die entsprechenden Stationen, wie z. B. Krankenhausaufenthalt, Chemo- oder Strahlentherapie, bereits frühzeitig vorzubereiten. Hierzu gehört nicht nur die Auswahl der notwendigen Bekleidung, sondern unter anderem auch die Erstellung von notwendigen Listen über Vorerkrankungen, Medikamente etc., die immer wieder von allen behandelnden Ärzten abgefragt werden, sowie – bei entsprechendem Wunsch – die Erstellung einer Patientenverfügung, einer Betreuungsvollmacht, einer Vorsorgevollmacht und einer Vermögensvollmacht.

Dieser Ratgeber soll Ihnen helfen, die ersten Tage und Wochen nach der Diagnose sinnvoll zu nutzen, indem Sie erfahren, was jetzt alles dringend zu tun ist, wo Sie dieses Wissen erhalten und welche Anträge gestellt werden können. Bereits zu Beginn der Diagnosestellung können Sie wichtige Dinge erledigen, zu denen Ihnen während der Behandlung unter Umständen irgendwann die Kraft fehlt.

Dieser Ratgeber soll keinen der vielen Fachratgeber über Krebs ersetzen, sondern das Angebot um eine zusammenfassende Darstellung von Ratschlägen und Erfahrungen erweitern.

Dieser Ratgeber wurde mit großer Sorgfalt und umfassender Recherche erstellt. Für die Richtigkeit, Vollständigkeit und Aktualität der Inhalte kann jedoch keine Gewähr übernommen werden. Eine rechtliche Haftung ist ausgeschlossen. Auf die Inhalte externer Webseiten Dritter, auf die verwiesen wird, kann kein Einfluss genommen werden. Deshalb kann auch keine Gewähr für diese fremden Inhalte übernommen werden. Für die Inhalte der verlinkten Seiten ist stets der jeweilige Anbieter oder Betreiber der Seiten verantwortlich. Die Links wurden zum Zeitpunkt der Verlinkung auf mögliche Rechtsverstöße überprüft. Rechtswidrige Inhalte waren zum Zeitpunkt der Verlinkung nicht erkennbar. Eine permanente inhaltliche Kontrolle der verlinkten Seiten ist jedoch ohne konkrete Anhaltspunkte einer Rechtsverletzung nicht zumutbar. Bei Bekanntwerden von Rechtsverletzungen werden wir diese Links in der nächsten Auflage entfernen.

Ich wünsche Ihnen viel Kraft und Erfolg!

Helga Lammel-Müller

Abkürzungen

AGG	Allgemeines Gleichbehandlungsgesetz
AO	Abgabenordnung
ArbZG	Arbeitszeitgesetz
BAföG	Bundesausbildungsförderungsgesetz
BBG	Bundesbeamtengesetz
BEG	Bundesentschädigungsgesetz
BEM	Betriebliches Eingliederungsmanagement
BRKG	Bundesreisekostengesetz
BSHG	Bundessozialhilfegesetz
BVG	Bundesversorgungsgesetz
bzw.	beziehungsweise
ELStAM	Elektronische Lohnsteuerabzugsmerkmale
EStG	Einkommensteuergesetz
GBA	Gemeinsamer Bundesausschuss
GdB	Grad der Behinderung
GdS	Grad der Schädigungsfolgen
ggf.	gegebenenfalls
GHBG	Gesetz für die Hilfen für Blinde und Gehörlose
GKV	Gesetzliche Krankenversicherung
GKV-VSG	GKV-Versorgungsstärkungsgesetz
GUV	Gesetzliche Unfallversicherung
MdE	Minderung der Erwerbsfähigkeit
MDK	Medizinischer Dienst der Krankenversicherung
o. g.	oben genannte/r/n
PKV	Private Krankenversicherung
PMR	Progressive Muskelrelaxation
S.	Seite
SchwbAwVO	Schwerbehindertenausweisverordnung
SGB I	Sozialgesetzbuch (SGB) Erstes Buch (I) – Allgemeiner Teil – (SGB I)
SGB II	Sozialgesetzbuch (SGB) Zweites Buch (II) – Grundsicherung für Arbeitsuchende – (SGB II)
SGB III	Sozialgesetzbuch (SGB) Drittes Buch (III) – Arbeitsförderung – (SGB III)
SGB V	Sozialgesetzbuch (SGB) Fünftes Buch (V) – Gesetzliche Krankenversicherung – (SGB V)

SGB VI	Sozialgesetzbuch (SGB) Sechstes Buch (VI) – Gesetzliche Rentenversicherung – (SGB VI)
SGB VII	Sozialgesetzbuch (SGB) Siebtes Buch (VII) – Gesetzliche Unfallversicherung – (SGB VII)
SGB VIII	Sozialgesetzbuch (SGB) Achtes Buch (VIII) – Kinder- und Jugendhilfe – (SGB VIII)
SBG IX	Sozialgesetzbuch Neuntes Buch – Rehabilitation und Teilhabe von Menschen mit Behinderungen – (Neuntes Buch Sozialgesetzbuch – SGB IX)
SGB XI	Sozialgesetzbuch (SGB) Elftes Buch (XI) – Soziale Pflegeversicherung – (SGB XI)
SGB XII	Sozialgesetzbuch (SGB) Zwölftes Buch (XII) – Sozialhilfe – (SGB XII)
sog.	sogenannte/r/s
StVO	Straßenverkehrsverordnung
VersMedV	Versorgungsmedizin-Verordnung
WHO	World Health Organization/Weltgesundheitsorganisation
ZAV	Zentrale Auslands- und Fachvermittlung
z. B.	zum Beispiel

Tipps zur Vorbereitung auf den Krankenhausaufenthalt

1

Informieren Sie sich über die Operation und Behandlungsmöglichkeiten

Anstatt die aktuelle Zeit aktiv zu nutzen, grübeln viele über das „Warum ich?". Meine Antwort lautet: „Es hätte jeden treffen können. Krebs wird durch einen Fehler in der Zellteilung verursacht."

Ob die Ursachen für den Krebs Umweltereignisse oder eigenes „Fehlverhalten" wie z. B. das Rauchen, genetisch bedingt oder einfach nur „Zufall" sind, ist jetzt erst einmal völlig unerheblich. Wichtig ist zunächst, dass Sie die nächsten Wochen und Monate möglichst gut vorbereitet in die Therapie gehen und zusätzliche Belastungen vorher geklärt bzw. erledigt haben.

Auch in dem Ausnahmezustand, in dem Sie sich nun befinden, ist es besonders wichtig, einen „kühlen und klaren Kopf" zu bewahren. Nutzen Sie die Zeit, um sich explizit über die bevorstehenden Behandlungen zu informieren und die nun anstehenden wichtigen Aufgaben vorzubereiten und zu erledigen.

Jede Krebsbehandlung ist individuell auf den Patienten oder besser den Tumor zugeschnitten. Bei manchen Patienten wird zuerst eine Chemotherapie gemacht und danach erfolgt eine operative Entfernung des Tumors; bei anderen Patienten steht die Entfernung des Tumors an erster Stelle. Einige Patienten benötigen nach einer operativen Entfernung des Tumors überhaupt keine Chemotherapie und erhalten danach nur eine Strahlentherapie, während andere Patienten nach einer Operation sowohl eine Chemo- als auch eine Strahlentherapie erhalten.

Das Recht auf eine zweite Meinung

Wenn Sie Zweifel an der gestellten Diagnose oder der angedachten Behandlungsart haben, haben Sie nach dem Patientenrechtegesetz die Möglichkeit, bei einem anderen Spezialisten eine zweite Meinung einzuholen. Wer als Spezialist infrage kommt, erfahren Sie von Ihrer Krankenkasse oder im Internet. Achten Sie darauf, dass es sich ebenfalls um ein zertifiziertes Zentrum speziell für Ihren Krebs handelt, das Sie für eine zweite Meinung aufsuchen, und welches Sie um Rat fragen.

Hilfreiche Portale können sein:

- https://www.leading-medicine-guide.de/Krebs-Blut
- https://www.krebsgesellschaft.de/deutsche-krebsgesellschaft/zertifizierung/zentrumssuche.html
- https://www.oncomap.de/

Sie können auch mit einer Internet-Suchmaschine nach einem hierfür zertifizierten Zentrum Ihrer jeweiligen Krebserkrankung (z. B. Prostatakrebs) suchen.

Haben Sie sich für die Einholung einer zweiten Meinung in einem zertifizierten Zentrum entschieden, bereiten Sie den Termin gut vor, indem Sie alle Ihre Fragen sorgfältig aufschreiben. Selbstverständlich können Sie die gleichen Fragen bei verschiedenen Ärzten stellen. Es kommt tatsächlich vor, dass die Antworten nicht identisch, sondern eventuell sogar konträr sind. In solchen Fällen sollten Sie explizit nachfragen und ggf. auch auf den anderen Arzt verweisen, damit alle Ihre Fragen vor dem Eingriff geklärt sind.

Informieren Sie sich über Krankenhäuser und niedergelassene Ärzte

Achten Sie bei Ihrer Auswahl des Krankenhauses unbedingt darauf, dass das Krankenhaus für Ihre Krebserkrankung zertifiziert ist (z. B. zertifiziertes Brustkrebszentrum) und möglichst einen guten Ruf hat. Beides ist wichtig. Nehmen Sie notfalls auch eine längere Anreise in Kauf. Bedenken Sie, dass die Auswahl des Krankenhauses für das Gelingen einer erfolgreichen Krebsoperation entscheidend ist. Eine besonders gute Erreichbarkeit des Krankenhauses sollte daher nicht der ausschlaggebende Grund für die Auswahl sein, sondern die Zertifizierung des Krankenhauses oder Krebszentrums für die Behandlung Ihrer Krebsart.

Es ist leider nicht damit getan, nur die Klinik mit den besten Ärzten zu finden, wenn bei der Pflege ein akuter Personalmangel vorhanden ist und dadurch eventuell Behandlungsfehler entstehen können oder z. B. die Schmerzversorgung nicht ausreichend gewährleistet ist.

Grundsätzlich empfehle ich, sich immer über das Krankenhaus bzw. den behandelnden Arzt vorher umfassend zu informieren, bevor Sie eine Behandlung dort beginnen.

Suchen Sie beispielsweise nach Beurteilungen von Kliniken im Netz. Im Internet gibt es entsprechende Beurteilungsportale von Krankenhäusern und Ärzten, auf denen Patienten die Klinik nach einem Klinikaufenthalt beurteilen können. Hier gibt es verschiedene Portale, unter anderem:

- https://www.klinikbewertungen.de/
- https://www.krankenhausbewertung.de/
- https://www.weisse-liste.de

Unter Umständen gibt es einen relativ aktuellen Zeitungsartikel oder andere Informationen über Ihre Wunschklinik.

Übrigens können auch niedergelassene Ärzte im Netz beurteilt werden. Bedenken Sie hierbei, dass Ärzte ggf. versuchen, eine negative Beurteilung löschen zu lassen, so dass diese Gesamtbeurteilungen nicht immer aussagekräftig sind. Beurteilungen von niedergelassenen Ärzten finden Sie z. B. unter anderem unter www.jameda.de.

Ärzte, die Patienten gut oder sehr gut betreuen, sprechen sich schnell herum. Fragen Sie im Freundes- und Bekanntenkreis, ob jemand gute Erfahrungen gemacht hat.

Manchmal kann es auch sinnvoll sein, sich im Internet bei einer Selbsthilfegruppe speziell für den Krebs und/oder bei Facebook bei einer (z. B. Brust-)Krebsgruppe anzumelden. Dort kann man ggf. auch wertvolle Tipps in Bezug auf spezialisierte Krankenhäuser und besonders empfohlene Ärzte bekommen.

Nachdem Sie sich für einen Arzt bzw. ein Krankenhaus entschieden haben, informieren Sie sich vor der Aufnahme im Krankenhaus darüber, welche Leistungen das ausgewählte Krankenhaus bietet und wie die Zimmer ausgestattet sind. So können Sie nicht nur unter Umständen Geld sparen, sondern sich den Aufenthalt auch etwas angenehmer gestalten.

Unter Umständen kann ein Krankenhausaufenthalt gefühlt wesentlich kürzer oder länger sein, als er es in Tagen tatsächlich ist.

Außerdem erleichtert das Wissen über die Ausstattung die spätere Entscheidung, was Sie alles mit ins Krankenhaus nehmen wollen bzw. müssen und was Sie zuhause lassen können.

Auf Wunsch kann in einigen Fällen auch mit einer privaten Zuzahlung oder Eigenanteil für gesetzlich versicherte Patienten der Aufenthalt in einem Zimmer der Privatstation erfolgen. Bedenken Sie aber, dass sich die höhere Leistung nur auf die Ausstattung des Zimmers bzw. der Leistungen für Privatpatienten (wie z. B. erweitertes Angebot an Getränken oder Zwischenmahlzeiten, Tageszeitung, evtl. Bademantel) bezieht, nicht aber auf Leistungen des Pflegepersonals. Mit einem Aufenthalt auf der Privatstation ist nicht zwingend eine bessere Pflege verbunden.

Informieren Sie sich daher vorab über folgende Punkte (z. B. im Internetauftritt des jeweiligen Krankenhauses oder erfragen Sie diese Angaben telefonisch):

- Zimmerbelegung:
  - **gesetzlich versichert**: Mit wie vielen Patienten liegt man auf einem Zimmer?
  - Private Zuzahlung als gesetzlich Versicherter möglich?
  - **privat versichert**: Einbett- oder Zweibettzimmer? Zimmerwahl möglich?
- Zimmerausstattung:
  - mit TV (pro Patient oder pro Zimmer?), Telefon, Internet, Tresor (für Wohnungsschlüssel, Geldbörse und Handy während der OP)?
  - Ist die Nutzung eines Zimmers für Privatpatienten durch eine Zuzahlung möglich?

Bereiten Sie sich auf Ihre Arztgespräche vor

Besonders wichtig sind gut vorbereitete Arztgespräche. Sie vereinfachen die Gesprächsführung des Arztes, wenn Sie dieses gut vorbereitet haben. Durch die hierdurch gewonnene Zeit steht Ihnen mehr Zeit für Ihre persönlichen Fragen zur Verfügung.

- Bereiten Sie daher Arztgespräche grundsätzlich gut vor. Notieren Sie sich Ihre Fragen vorher, denn bei so wichtigen Gesprächen ist man meist aufgeregt und vergisst unter Umständen wichtige Fragen.

- Informieren Sie sich vor dem Gespräch umfassend über die Behandlungsmöglichkeiten. Nur so können Sie direkt bei dem ersten Arztgespräch die richtigen Fragen stellen. Fragen, die Sie sonst eventuell erst im Anschluss an das Gespräch haben und eventuell erst viel später beantwortet bekommen.
- Sofern es bereits Vorbefunde vorheriger Krebserkrankungen und -behandlungen gibt, nehmen Sie diese Befundunterlagen (CDs von CT, MRT etc.) in der Patientenakte mit zu dem Gespräch.
- Sofern Sie unter anderen schwerwiegenden Vorerkrankungen leiden, nehmen Sie Kopien solcher Befundunterlagen ebenfalls mit zum Arztgespräch. Wenn alle Unterlagen beim Hausarzt sind, lassen Sie sich diese vorab – am besten gleich zweifach – für sich (und den Arzt und/oder das Krankenhaus) kopieren.
- Haben Sie einen Allergiepass oder einen Notfallpass zu weiteren schwerwiegenden Erkrankungen/Unverträglichkeiten (z. B. Anästhesiepass, Diabetes), kopieren Sie diesen und nehmen Sie die Kopien mit zu den Arztgesprächen. Unter Umständen sind diese Informationen für die aktuell bevorstehende Narkose oder weitere Behandlung relevant.
- Machen Sie sich besondere und individuelle Fragestellungen bewusst und besprechen Sie diese mit dem Arzt, z. B. Fragen zur Familienplanung trotz der bevorstehenden Krebsbehandlung. Je nach Krebsart kann die Familienplanung in akuter Gefahr sein, sofern diese noch nicht abgeschlossen ist. Daher ist es wichtig, auch hierüber mit Ihrem behandelnden Arzt zu sprechen.

Legen Sie sich für jedes bevorstehende Arztgespräch (ambulant und stationär) vor der Behandlung einen Schnellhefter oder einen Ordner an, in dem Sie folgende Unterlagen sammeln:

Checkliste zur Vorbereitung für ein Arztgespräch		
	abgelegt?	
	Ja	Nein
Ihre Fragen für die bevorstehenden Gespräche		
alle aktuellen Befunde zur aktuellen und ggf. vorherigen Krebserkrankung in Papierform sowie Röntgenbilder, CDs von CT-, MRT-, PET-CT, Knochenszintigraphie – sofern vorhanden		
ggf. Kopien von Befundunterlagen über weitere schwere Erkrankungen (z. B. Morbus Crohn etc.) in Papierform		
Aufstellung über Medikamenteneinnahme (Medikamentenname, Stärke und Dosierung)		
Aufstellung über Allergien und Medikamenten- und Narkoseunverträglichkeiten		
ggf. Aufstellung von Vorerkrankungen		
Aufstellung bisheriger Operationen, Unfälle und ggf. Untersuchungen, jeweils mit Datum (z. B. 12/2016 – Darmspiegelung)		
ggf. Aufstellung der Krankenhausaufenthalte der letzten Jahre		
Aufstellung von Familien- und Erbkrankheiten (eigene Großeltern, Eltern, Geschwister und ggf. eigene Kinder)		
Aufstellung der behandelnden Ärzte mit Anschrift und Telefonnummer		
Namen und Telefonnummern von Angehörigen, die im Notfall benachrichtigt werden sollen		
ggf. Kopie eines Allergieausweises		
ggf. Kopie eines Anästhesieausweises		
ggf. Kopie von Ausweisen für spezielle Erkrankungen (z. B. Diabetiker, Mastozytose etc.)		
ggf. Notfallpass (bei bestimmten Erkrankungen)		
ggf. eine Patientenverfügung		
Sonstiges (z. B. Aufklärungsbogen – falls bereits erhalten)		

Krankenhaus-Einweisung

Sind eventuell zwei Operationen mit einer Entlassung dazwischen notwendig, so ist auch eine neue Krankenhaus-Einweisung notwendig. In der Aufregung nach der Diagnose wird häufig vergessen, dass für jeden Aufenthalt in einem Krankenhaus eine neue „Krankenhaus-Einweisung“ vom Fach- oder Hausarzt benötigt wird. Sofern Sie noch keine aktuelle Krankenhaus-Einweisung von Ihrem behandelnden Arzt erhalten haben, sollten Sie sich diese entweder vom behandelnden Facharzt oder vom Hausarzt abholen.

Befundakte

Legen Sie sich eine Befundakte an, in der Sie neben Ihren Befunden in Papier- und ggf. DVD-Form ebenfalls Ihre persönlichen Aufstellungen (Medikamenteneinnahmeliste etc.) abheften. Nähere Einzelheiten siehe Kapitel 2. Diese Befundakte und Aufstellungen nehmen Sie mit ins Krankenhaus und pflegen diese später auch weiter.

Allgemeine Medikamente des täglichen Lebens

Je nach Absprache mit dem Anästhesisten müssen Patienten in den meisten Fällen ihre eigenen Medikamente, die sie täglich nehmen, für die ersten 3 Tage mit ins Krankenhaus nehmen. Danach sagen die Krankenhäuser in der Regel eine Versorgung durch das Krankenhaus zu.

Es empfiehlt sich aber, die eigenen Medikamente für den gesamten Zeitraum des Krankenhausaufenthaltes mitzunehmen, um eine etwaige Umstellung durch ein Medikament mit der gleichen Wirkung, aber einer anderen Zusammensetzung zu verhindern, welches evtl. nicht so gut vertragen wird.

Vergessen Sie nicht, die behandelnden Ärzte bei der Aufnahme darauf hinzuweisen, dass Sie Ihre Medikamente von Zuhause während des Krankenhausaufenthaltes eigenständig einnehmen und man Sie über eine Veränderung der Medikation informieren muss.

Wichtig: Insulinbedarf wie Messgerät, Messzubehör und Insulin sollten Sie in jedem Fall in ausreichender Menge mitnehmen.

Hilfsmittel

Nehmen Sie Ihre Hilfsmittel (die verbraucht werden, z. B. Blutzuckermessgeräte, Vorlagen) mit ins Krankenhaus. Selbst wenn diese Ihnen im Krankenhaus gestellt werden würden, ist die Qualität häufig eine andere. So haben beispielsweise Vorlagen in Krankenhäusern grundsätzlich keinen Klebestreifen und sind häufig von niedrigerer Qualität. Ihr eigenes Blutzuckermessgerät zeichnet in der Regel Ihre Blutzuckerwerte über einen längeren Zeitraum auf.

Klären Sie *vor* dem Check-in bei Bedarf ab, ob das Mitbringen des eigenen Rollators oder Rollstuhls überhaupt erforderlich ist. Da Rollatoren in Krankenhäusern häufig gestohlen werden, stellen Krankenhäuser diese Hilfsmittel für die Zeit des Aufenthaltes meist zur Verfügung.

Wichtige Tipps für Patientinnen mit Brustkrebs

Frauen benötigen nach den (Erhaltungs-)Operationen einen sehr gut sitzenden BH ohne Bügel, dafür aber mit breiten Trägern.

Falls Sie einen sehr gut sitzenden BH ohne Bügel und mit breiten Trägern in der ersten Zeit nach der Operation auch nachts tragen wollen bzw. müssen, kann es sinnvoll sein, gleich mehrere BHs anzuschaffen und auch direkt mit ins Krankenhaus zu nehmen.

Wichtige Tipps für Patienten mit Prostatakrebs

Ein sehr belastendes Thema ist die Inkontinenz für Männer, die operationsbedingt übergangsweise oder auf Dauer bestehen kann.

Legen Sie sich daher vor der Operation eine kleine Menge Inkontinenzvorlagen, die extra für den Mann zugeschnitten sind, bereit. Diese benötigen Sie ggf. direkt nach Entlassung aus dem Krankenhaus zuhause. Unter Umständen müssen Sie die erste

Packung selbst bezahlen, wenn vor der Operation noch keine Inkontinenz besteht.

Man unterscheidet bei Inkontinenzvorlagen zwischen

- kleinen Vorlagen, die in die Unterhose passen oder mit einer Netzhose getragen werden,
- wiederverschließbaren Inkontinenzhosen (sog. Windelhosen) mit Haftstreifen oder Klettverschluss und
- Inkontinenz-Slips, die statt einer Unterhose angezogen werden können.

Grundsätzlich können die Kosten für Inkontinenzvorlagen von der gesetzlichen Krankenkasse übernommen werden, wenn Ihnen Ihr behandelnder Arzt wegen einer bestehenden Inkontinenz diese auf einem rosafarbenen Rezept verordnet.

Praxis-Tipp:

Sprechen Sie Ihren behandelnden Arzt schon vor der Operation auf das Thema an.

Ob und wie viele Inkontinenzvorlagen Ihre gesetzliche Krankenkasse bezahlt, wird sehr unterschiedlich gehandhabt und variiert je nach gesetzlicher Krankenkasse. Immer mehr gesetzliche Krankenkassen schließen mit Vertragspartnern Verträge über bestimmte Produkte oder alternativ nicht mehr über eine bestimmte Stückzahl von Inkontinenzvorlagen, sondern über eine Monatspauschale.

Wer eine bestimmte Sorte von Inkontinenzvorlagen wünscht, die von der gesetzlichen Krankenkasse nicht vollständig übernommen wird, muss für den Differenzbetrag selbst aufkommen (sog. Aufzahlung). Dieser Differenzbetrag kommt auf die fällige Zuzahlung pro ärztliche Verordnung hinzu.

Inkontinenzprodukte sind in der Regel zuzahlungspflichtig. Die Zuzahlung für Inkontinenzprodukte – nicht zu verwechseln mit dem ggf. fälligen Differenzbetrag – beträgt grundsätzlich 10 Prozent der Kosten, höchstens 10 Euro je Monat, sofern keine Zuzahlungsbefreiung besteht. Die Zuzahlung beträgt nie mehr als die tatsächlichen Kosten. Bei einer Zuzahlungsbefreiung fällt ggf. nur der Differenzbetrag, das heißt die Aufzahlung an.

Die gesetzlichen Krankenkassen haben mit bestimmten Firmen einen Vertrag über die Auslieferung von Inkontinenzprodukten abgeschlossen. Erfragen Sie bei Ihrer gesetzlichen Krankenkasse, mit welcher Firma sie einen Vertrag geschlossen hat, und lassen Sie sich die Anschrift und Telefonnummer geben.

Sinnvoll ist es, zuerst einmal Musterprodukte bei dem Vertragspartner der gesetzlichen Krankenkasse anzufordern und auszutesten, mit welchen Inkontinenzvorlagen Sie gut und mit welchen Sie weniger gut klarkommen. Die Musterprodukte können sich auf Ihren Wunsch auf den Hersteller und auch auf die Größe beziehen.

Es gibt sehr große Unterschiede bei Inkontinenzprodukten in Bezug auf die Verarbeitung, Qualität und Größe sowie die zeitliche Dauer, in der Sie das Produkt tragen können. Es kann durchaus vorkommen, dass die Inkontinenzvorlagen, die Ihre gesetzliche Krankenkasse bezahlt, nicht Ihren Erwartungen und Vorstellungen einer Inkontinenzvorlage entsprechen. In solchen Fällen besteht die Möglichkeit, auf ein Produkt auszuweichen, bei dem Sie einen Teil der Kosten übernehmen müssen, welches aber Ihren Bedürfnissen entspricht.

In jedem Fall sollten Sie zusätzlich zu den Muster-Vorlagen ein Paket Inkontinenzvorlagen nach einer Prostata-Operation zuhause haben.

Bereiten Sie Ihren Aufenthalt im Krankenhaus vor

Der Aufenthalt in einem Krankenhaus ist in der Regel alles andere als angenehm. Umso wichtiger ist es, sich den Aufenthalt so weit wie möglich zu erleichtern.

Je nachdem, wie der Patient versichert ist, wird er mehr oder weniger Ausstattung bzw. Komfort im Krankenhaus vorfinden. Insbesondere gesetzlich versicherte Patienten sollten schon vor ihrem Krankenhausaufenthalt bedenken, dass nicht geringe Kosten auf sie zukommen können, wenn sie sich bestimmte Ausstattungen direkt vom Krankenhaus zur Verfügung stellen lassen.

Daher habe ich hier einige Punkte aufgeführt, die Sie im Krankenhaus benötigen oder die Ihnen den Aufenthalt unter Umständen angenehmer gestalten können. Wer meine Vorschläge vor Antritt eines Krankenhausaufenthaltes noch belächelt, denkt vermutlich während der Behandlung im Krankenhaus und bei weiteren Arztgesprächen dankbar an diese Tipps zurück.

Bekleidung und sonstige wichtige Utensilien

Während man früher bei Krankenhausaufenthalten mit Schlafanzügen, Morgenmantel, Hausschuhen und Waschzeug auskam, hat sich das heute erheblich geändert.

Jogginganzüge/Freizeithosen/Fleecejacke

Wer nicht bettlägerig ist und aufstehen kann, zieht sich morgens nach dem Duschen/Waschen leichte Sport- oder Freizeitbekleidung, z. B. einen Jogginganzug mit T-Shirt an. Sinnvoll ist in den kälteren Monaten auch die Mitnahme einer Fleecejacke. Diese wärmt Sie nicht nur, wenn Sie das Zimmer mit jemandem teilen, der es gerne kalt im Zimmer hat, sondern man kann in den Taschen der Jacke auch sehr gut kleinere Vakuumdrainagen verstauen, wenn man diese nach einer Operation bekommt. Wenn Sie dann auch noch in der Fleecejacke schlafen, können Sie nachts auf die Toilette gehen, ohne erst einmal umständlich die Vakuum-Drainageflasche und den Drainageschlauch im dunklen Zimmer einsammeln zu müssen. Das Vergessen einer Vakuum-Drainageflasche kann äußerst schmerzhaft sein! Allerdings gibt es auch Drainagebeutel/Katheterbeutel, mit denen das leider nicht geht.

Wer nachts in der Fleecejacke schläft, sollte aus hygienischen Gründen entweder eine weitere zum Wechseln mitnehmen oder sich bringen lassen.

Ob Sie eine Vakuum-Drainageflasche erhalten, können Sie bei Ihrem Arzt vor der Operation erfragen. Sollten Sie nach der Operation Drainage- oder Katheterbeutel bekommen, so ist die Mitnahme eines Leinenbeutels hilfreich:

Blickdichter Leinenbeutel

In einigen Fällen bekommen operierte Patienten in den ersten Tagen einen Katheder mit Beutel und/oder einen großen Drainagebeutel, in dem austretende Körperflüssigkeiten aufgefangen werden. Mit Schlauch und Beutel/n ist es nicht nur recht umständlich, sich außerhalb des Bettes zu bewegen; auch der Anblick fremder Körperflüssigkeiten in den Beuteln ist für die Mitmenschen nicht immer angenehm. Bequem verstauen können Sie Katheter- oder Drainagebeutel nebst Schläuchen in einem blickdichten Leinenbeutel, wenn Sie beispielsweise einige Meter auf dem Gang laufen oder die Kantine aufsuchen möchten.

Bademantel

In vielen Fällen kann man auf die Mitnahme eines Bademantels verzichten, wenn man eine Fleece- oder Joggingjacke dabei hat. In heißen Sommermonaten ist eventuell die Mitnahme einer dünneren Joggingjacke oder eines dünnen Bademantels zu überlegen.

Cape/Poncho

Für den OP-Tag ist ein Cape sowohl für Mann als auch für Frau sehr praktisch. Am OP-Tag müssen Patienten immer ein OP-Hemd und Thrombosestrümpfe anziehen. Muss der Patient kurz vor der OP (oder auch nach der Rückkehr aus dem Aufwachraum) auf die Toilette, finde ich persönlich es unangenehm, in dem – hinten offenen – OP-Hemd das Bett zu verlassen. Ein Cape kann man schnell überwerfen, so dass einem keiner mehr auf die nackte Rückseite schauen kann und im Bett wärmt es ggf. auch noch.

Badeschuhe und Hausschuhe

Badeschuhe sind aus meiner Sicht im Krankenhaus aus hygienischen Gründen unverzichtbar. Badeschuhe kann man in der Dusche anziehen, so dass kein Kontakt zur Duschwanne oder dem Fußboden entsteht, durch den unter Umständen eine Fußpilzinfektion übertragen werden kann. Auch zusätzliche Hausschuhe sind aus hygienischen Gründen hilfreich, da nach Benutzen der Dusche mit Badeschuhen die Badeschuhe nass sind.

Socken

Nicht immer hat man die Thrombosestrümpfe bis zum letzten Tag an. Wer unter kalten Füßen leidet, sollte – insbesondere im Winter – zusätzlich warme Socken für jeden Tag einpacken.

Sportschuhe

Während man früher nach Operationen erst einmal tagelang im Bett lag, beginnt heute je nach Notwendigkeit die Physiotherapie meist am ersten Tag nach der Operation. Während die erste Physiotherapiestunde noch am/im Bett stattfindet, finden die folgenden Physiotherapiestunden meist im hauseigenen Physiotherapiebereich statt. Daher sind bequeme, gut sitzende (Sport-) Schuhe mit festem Halt empfehlenswert, die man ggf. schon am Check-in-Tag anziehen kann. Turnübungen mit Hausschuhen hingegen können Stürze zur Folge haben.

Wasch- und Pflegeprodukte

Oft ist es sinnvoll, Duschgel und zusätzliche Seife nicht nur für das Badezimmer, sondern auch für ein eventuelles Waschbecken im Krankenzimmer mitzunehmen.

In den ersten Tagen nach einer Operation darf man sich häufig nicht duschen, sondern nur waschen. Aus hygienischen Gründen empfehle ich die Benutzung von Einmal-Waschlappen bzw. Einmal-Waschhandschuhen, da aus Hygienegründen die Wiederverwendung desselben Frottee-Waschlappens vermieden werden sollte, insbesondere sollte er nach Benutzung nicht an einen Haken im von anderen Patienten vor- oder mitbenutzten Badezimmer gehängt werden müssen. Ich selbst habe – trotz vieler und längerer Krankenhausaufenthalte – noch nie gesehen, dass die Reinigungskräfte die Fliesen gereinigt haben, die mit den Waschlappen und Handtüchern in Berührung kommen.

Steht eine schwere Operation bevor und ist nicht damit zu rechnen, dass der Patient bereits am ersten oder zweiten Tag nach der Operation wieder so mobil ist, dass er duschen kann, kann es sinnvoll sein, Trockenhaarshampoo mit ins Krankenhaus zu nehmen.

Desinfektionsmittel

Dringend anzuraten ist eine Flasche Desinfektionsmittel, welches man vor jeder Benutzung der Toilette an dieser benutzen sollte, um unter anderem schmerzhafte Harnwegsinfekte zu vermeiden. Alternativ können Sie die im Krankenhaus zur Verfügung gestellten Desinfektionsmittel nutzen, sofern vorhanden.

Handcreme

Aufgrund der aggressiven Hand-Desinfektionsmittel von Krankenhäusern werden die Hände binnen weniger Tage schnell rau und spröde. Nehmen Sie daher eine hochwertige Handcreme mit ins Krankenhaus.

Kleines Kopfkissen

Wer ein kleines Kopfkissen benötigt, sollte dies mit ins Krankenhaus nehmen. Aus hygienischen Gründen empfehle ich, ein waschbares und preisgünstiges Kissen zu nehmen, welches ggf. auch bei Verschmutzung (z. B. durch Blut) entsorgt werden kann.

Brustkrebspatientinnen erhalten unter Umständen im Krankenhaus ein sog. Herzkissen, welches die Schmerzen bei der Lymphknotenentfernung unter der Achsel mindern soll. Nicht immer sind aber Herzkissen verfügbar. Daher empfehle ich Brustkrebspatientinnen bei Bedarf ein weiteres kleineres Kopfkissen (eines für den Kopf und eines für die Achsel) mitzunehmen bzw. zuhause bereitzulegen, damit dieses später ins Krankenhaus gebracht werden kann.

Sonstige hilfreiche Gegenstände für Unterhaltung und Ablenkung

- Mobiltelefon/Handy/Smartphone: In immer mehr Krankenhäusern ist inzwischen die Benutzung von Mobilfunktelefonen erlaubt oder wird zumindest geduldet. Klären Sie daher, ob die Benutzung dort erlaubt ist oder zumindest geduldet wird.
- Wecker: Ein kleiner Wecker kann sehr hilfreich sein: Ist die Operation für sehr früh morgens angesetzt und möchten Sie sich vor der Operation noch einmal duschen, sollte das Duschen

bereits vor dem regulären Wecken der Schwester erfolgen. Außerdem haben Sie mit einem kleinen Wecker auf dem Nachttisch auch sonst die Zeit immer im Blick, insbesondere vor dem Hintergrund, dass Sie selbst evtl. Physiotherapie-Termine irgendwo im Krankenhaus wahrnehmen müssen.

- Lärmstops/Ohropax: Hilfreich bei einem Krankenhausaufenthalt sind Lärmstops/Ohropax. Schnarchende Mitpatienten haben schon so manchem Mitpatienten schlaflose Nächte beschert. Aber auch für den Fall, dass Sie in einem Einzelzimmer liegen, empfiehlt sich die Mitnahme von Lärmstops/Ohropax. Sollte das Einzelzimmer am Eingang der Station oder einem anderen sehr hoch frequentierten und lauten Platz liegen, werden Sie froh sein, diese eingepackt zu haben.

- Schlafbrille: In manchen Krankenhäusern gibt es keine Gardinen, sondern nur Sonnenjalousien. Um nicht morgens um 4 Uhr von der grellen Sonne geweckt zu werden, kann eine Schlafbrille sehr nützlich sein.

- Laptop/Netbook, Tablet-PC: Häufig werden bei gesetzlich Versicherten für die Bereitstellung eines TV-Gerätes stattliche Gebühren verlangt. Diese Gebühren können Sie einfach umgehen, wenn Sie einen Laptop, ein Netbook oder einen Tablet-PC haben und sich dazu einen kleinen DVBT2-Stick mit kleiner Stab-Antenne für DVB-T2-TV kaufen. Achten Sie beim Kauf der Antenne auf die Standfestigkeit.

  Diese Anschaffung kann Ihnen bei späteren Krankenhausbesuchen ebenso nützlich sein wie auch unter Umständen bei einem Aufenthalt in einer Rehabilitationsklinik. Nicht alle Kliniken stellen nämlich ihren Gästen (kostenlos) ein TV-Gerät auf dem Zimmer zur Verfügung.

  Informationen zu DVB-T2-Fernsehen finden Sie im Internet unter www.dvbt2hd.de. Prüfen Sie vor dem Kauf, ob bei dem von Ihnen ausgewählten Krankenhaus oder Rehaklinik eine DVB-T2-Versorgung besteht. Dies können Sie im Internet unter www.dvbt2hd.de/empfangscheck/empfangscheck überprüfen. Dort finden Sie auch weiterführende Informationen zum Thema DVB-T-Fernsehen.

Sofern Sie einen Laptop oder ein Netbook mit ins Krankenhaus nehmen, kaufen Sie hierfür ein stabiles Laptop-Schloss, mit dem Sie den Laptop oder das Netbook z. B. am Nachttisch anketten können. So hat niemand die Möglichkeit, das Gerät einfach zuzuklappen und wegzutragen, während Sie beispielsweise kurz auf dem WC sind. Natürlich wird dieses Schloss keinen Dieb abhalten, der das Gerät auch mit Gewalt stehlen möchte, aber mit einem Schloss ist der Diebstahl nicht ganz so einfach wie ohne.

- DVDs/Fernsehfilme: Wer im stressigen Alltag keine Zeit hat, Filme anzuschauen, kann sich im Krankenhaus die Zeit mit schönen Filmen verkürzen, sofern er einen Laptop mit ins Krankenhaus nimmt.
- MP3-Player: Besonders empfehlen kann ich die Mitnahme eines kleinen MP3-Players. Auch wenn die Funktion eines MP3-Players in vielen Mobiltelefonen vorhanden ist, so schont die Benutzung eines separaten MP3-Players den Handy-Akku.
- Mehrfachstecker/Verlängerungsschnur: Um während Ihres Krankenhausaufenthaltes Ihr Mobilfunkgerät aufzuladen oder den Laptop anzuschließen, kann ein Mehrfachstecker (manchmal auch eine Verlängerungsschnur) sehr hilfreich sein. In der Regel gehört zu einem Patientenbett eine einzige freie Steckdose, die vom Bett aus nicht immer gut zu erreichen ist. Achten Sie darauf, dass alle mitgebrachten Elektrogeräte, Mehrfachstecker bzw. Verlängerungskabel über ein „CE"-Zeichen verfügen. Andernfalls kann Ihnen unter Umständen die Nutzung verboten werden.
- Bücher/E-Books/Zeitungen: Eine TV-Zeitung ist im Krankenhaus immer nützlich. Aber auch andere Zeitungen kann man mitnehmen. Wer darüber hinaus gerne Bücher liest, sollte sich auf jeden Fall ein bis zwei Bücher mit ins Krankenhaus nehmen. Geschmackssache ist, ob die Bücher in Papierform oder über ein E-Book gelesen werden.
- „Lunchpaket" für den Check-in-Tag im Krankenhaus: Auch bei diesem Tipp werde ich meist vorher belächelt und nach der Entlassung wird mir dafür gedankt! Nehmen Sie – sofern dies nicht der OP-Tag ist! – am Check-in-Tag ein kleines Lunchpaket

mit ins Krankenhaus. In der Regel bekommen Sie am Check-in-Tag nur die nicht in Anspruch genommene Mahlzeit eines bereits entlassenen Patienten. Ob Ihnen das schmeckt, weiß man vorher nicht. In den meisten Fällen werden Sie am Check-in-Tag keine Gelegenheit haben, tagsüber die Kantine aufzusuchen.

- Naschereien wie Plätzchen/Schokolade/Gummibären etc.: Nehmen Sie sich etwas Naschereien mit ins Krankenhaus. Je nach Geschmack und persönlicher Verträglichkeit bieten sich beispielsweise Butterkekse, Plätzchen, Gummibären oder etwas Schokolade an. So mancher hat mich vorher für diesen Tipp belächelt und war hinterher sehr dankbar dafür.
- Schlüsselbund-Mäppchen mit Reißverschluss: In vielen Krankenhäusern gibt es abschließbare Spinde mit kleinen Wertfächern. Sehr praktisch sind hierfür kleine Schlüssel-Mäppchen mit Reißverschluss. Dort können Sie während Ihres Aufenthaltes die Spind-/Tresorschlüssel (sofern vorhanden) gut verstauen, ohne befürchten zu müssen, diese kleinen Schlüsselchen zu verlieren. Auch etwas Bargeld und eventuell ein kleiner MP3-Player haben darin häufig noch Platz. So haben Sie alle wichtigen Dinge kompakt zusammen, wenn Sie das Zimmer verlassen.
- Koffer: In der Regel dürfen Patienten nach einer Operation nicht schwer heben und tragen. Wer nur eine Reisetasche oder einen 2-Rollen-Trolley zur Verfügung hat, sollte die Anschaffung eines 4-Rollen-Trolleys und bei Bedarf zusätzlich den Kauf einer Laptop-Tasche und/oder eines Beauty Case mit Aufsteckfunktion in Erwägung ziehen, da Sie diesen Koffer nur anschieben und nicht das ganze Gewicht ziehen müssen.
- Die Laptop-Tasche eignet sich weiterhin sehr gut zum Aufbewahren von Laptop, Netbook, Mobiltelefon etc. während der Operation. Alle Wertgegenstände können darin praktisch zusammen verpackt und mit der Tasche entweder im eigenen Spind oder von einer Schwester in einem Schrank während der Operation weggeschlossen werden.
- Die Anschaffung eines 4-Rollen-Koffers, einer Laptop-Tasche und/oder eines Beauty Case sind nicht nur für den/die anstehenden Krankenhausaufenthalt/e recht praktisch, sondern

auch für eine Anschlussheilbehandlung oder Rehabilitationsmaßnahme, die in der Regel nach Abschluss einer Krebsbehandlung oder in den 12 Monaten danach erfolgt.

Wichtig: Krankenhäuser übernehmen in der Regel keine Haftung für Wertgegenstände. In manchen Krankenhäusern kann man Wertgegenstände aber – ohne Haftungsübernahme – während der Operation im Schwesternzimmer deponieren.

Packliste für einen Krankenhausaufenthalt

Nachfolgend finden Sie einen Vorschlag für eine Muster-Packliste für den Aufenthalt in einem Krankenhaus.

Packliste für einen Krankenhausaufenthalt	
Bekleidung:	
Schlafanzüge/Nachthemden	
Unterwäsche	
Socken	
T-Shirts/dünne Pullover	
Fleecejacken	
Cape	
Jogginghosen/Freizeithosen	
Hausschuhe	
Badeschuhe	
Feste Sportschuhe	
Kosmetik:	
Einmal-Waschlappen/Einmal-Waschhandschuhe	
Zahnbürste, Zahnpasta, Zahnputzbecher	
Zahnseide/Mini-Zahnbürsten für Zahnzwischenräume	
Duschgel/Seife	
Haarshampoo/Trockenhaarshampoo	
Duschtuch, Handtücher	
Föhn	
Deo	
Handcreme	
Desinfektionsmittel	
Nagelschere/Nagelfeile	
Verschiedenes/Sonstiges:	
Befundakte	

Packliste für einen Krankenhausaufenthalt	
Krankenhaus-Einweisung seitens des Haus- oder Facharztes	
ggf. haus- oder fachärztliche Verordnung einer Krankenbeförderung sowie die entsprechende schriftliche Genehmigung der Krankenkasse	
ggf. Operations-Aufklärungsbogen des Krankenhauses	
ggf. Ausweis für die Zuzahlungsbefreiung für gesetzliche Zuzahlungen nach § 62 SGB V und § 40 Abs. 3 SGB XI	
Brillen (Fernbrille, Lesebrille, Sonnenbrille)	
Kontaktlinsen/Kontaktlinsenmittel/Aufbewahrungsdose	
Lärmstops/Ohropax	
Papiertaschentücher	
Papierblock/Notizbuch und Kugelschreiber	
Bücher/E-Book	
(TV-)Zeitungen	
Schlüsselbund-Mäppchen mit Reisverschluss	
Kleiner Wecker/Reisewecker	
Kleine Kopfkissen („Fritzchen“, 40 x 40 cm)	
Plätzchen/Leckereien	
Laptop, Netbook oder Tablet-PC samt Stromkabel	
DVBT-Stick mit Antenne	
Mehrfachsteckdose/Verlängerungsschnur	
Diebstahl-Laptop-Schloss	
MP3-Player mit Ladekabel	
Mobiltelefon mit Ladekabel	
Kopfhörer	
DVDs	
Hilfsmittel:	
Inkontinenzbedarf wie z. B. Katheter, Vorlagen etc.	
Blutzuckermessgerät und Zubehör	
Rollstuhl/Rollator (sofern nicht vom Krankenhaus während dieser Zeit gestellt)	
Medikamente/Medikamentendose:	
z. B. Asthmaspray, Augentropfen, Insulin	

Tipps zur Vorbereitung auf die bevorstehende Krebsbehandlung

Information über den Krebs

Der menschliche Körper besteht aus vielen verschiedenen Körperzelltypen, die verschiedene Krebsarten verursachen können. Nicht jeder Krebs ist aggressiv und schnell wachsend und manche Krebsarten sprechen besser auf eine Chemo- und Strahlentherapie an als andere.

Ein Tumor ist ein Gewächs aus Gewebe, welches aus fehlerhaften bzw. abnormen Zellen gebildet wird. Aber nicht jeder Tumor ist bösartig. Es gibt gutartige (benigne) und bösartige (maligne) Tumore. Ob ein Tumor tatsächlich bösartig (maligne) ist, zeigt sich in vielen Fällen erst nach einem Schnellschnitt bzw. in einer pathologischen Untersuchung.

Bei vielen Krebsarten wird der Tumor entweder bereits vor der Operation durch eine Biopsie oder spätestens während Sie noch in Narkose im Operationsraum liegen, mit einem sog. Schnellschnitt pathologisch untersucht. Bestätigt sich der Krebsverdacht durch einen Schnellschnitt, so werden in der Regel im Anschluss an den Schnellschnitt die Lymphknoten, die direkt am Tumor liegen und ggf. weitere etwa betroffene Bereiche mit entfernt. Je nach Krebserkrankung und Fall werden die Lymphknoten aber auch erst in einer weiteren Operation entfernt.

Bösartige (maligne) Zellen können durch Lymphgefäße in andere Körperteile gelangen. In diesen Fällen spricht man davon, dass der Krebs gestreut hat. Um dies möglichst zu verhindern, werden die umliegenden Lymphknoten (die sog. Wächterknoten) bei einem Tumor mit entfernt.

Je nachdem, an welchem Tumor Sie erkrankt sind, werden vor bzw. nach der Operation einige Untersuchungen durchgeführt.

In vielen Fällen gehören dazu:

- eine Sonographie, also eine Ultraschalluntersuchung der betroffenen Region, oft auch des Abdomens (Unterbauch)
- Röntgen
- eine Computertomographie (CT) (eine spezielle Darstellung des Schädels, der inneren Organe und der Lymphknoten und ggf. Metastasen)

- eine Skelettszintigraphie zur Darstellung, ob es zu Knochenmetastasen (Tumoransiedlung in den Knochen) gekommen ist
- eine Kernspintomographie (MRT) oder Positronen-Emissions-Tomographie (PET), um ggf. vorhandene Metastasen auszuschließen bzw. darzustellen

Keine dieser Untersuchungen ist schmerzhaft. Einige Menschen empfinden ein MRT als beklemmend, weil man bei dieser Untersuchung in einen engen Tunnel bzw. eine Röhre gefahren wird. Gegen die Beklemmung hilft sehr gut: Augen schließen und an etwas Schönes, z. B. den letzten Urlaub denken oder autogenes Training.

Die nachfolgenden Informationen mögen am Anfang sehr verwirrend und umfassend sein. Wenn Sie sich aber einmal intensiv damit beschäftigt haben und Ihr Wissen mit dem pathologischen Befund nach der Operation abgleichen, können Sie die Schwere Ihrer Krebserkrankung besser und realistisch einschätzen und eventuell konkrete Fragen mit Ihrem Arzt mit mehr Vorwissen besprechen.

Um das richtig einschätzen und verstehen zu können, hilft es, medizinische Fachbegriffe besser zu verstehen:

Nach einer Operation wird der entnommene Tumor und ein Stück des umliegenden Gewebes in ein Labor geschickt, wo verschiedene Untersuchungen durchgeführt werden. Zu diesen Untersuchungen gehören folgende Fragestellungen:

- welcher Zelltyp vorliegt,
- wie bösartig der Tumor ist,
- wie schnell der Tumor wächst,
- ob und wie weit der Tumor bei der Entnahme die Organgrenzen überschritten und sich sogar im Körper ausgebreitet hat.

Daraus ergibt sich ein genaues Krankheitsstadium (Staging, Stadieneinteilung). Erst wenn diese konkreten Angaben vorliegen, wird für den Patienten eine individuelle Behandlung zusammengestellt.

Damit jeder Arzt das Krankheitsstadium richtig einordnen kann, gibt es eine internationale einheitliche Klassifikation, nämlich die TNM-Klassifikation.

T	steht für Tumorgröße und Ausdehnung des Primärtumors
N	steht für „Nodus" (Lymphknoten)
M	steht für Fernmetastasen, also Tochtergeschwülste im Körper, die als Metastasen dargestellt werden.

Durch die Zuordnung von Indexzahlen wird beschrieben, inwieweit sich der Tumor bereits ausgebreitet hat.

Bei der Tumorgröße ist die tatsächliche Ausdehnung der bösartigen Zellen das Wesentliche. Die in der Pathologie unter dem Mikroskop gemessene Größe kann deutlich von einer Messung der durchgeführten Bildgebung (Ultraschall, CT, MRT, PET-CT oder Röntgen) abweichen.

Die Tumorklassifizierungen (Krebsstufen) sind wie folgt:

T_x		=	Ein Primärtumor kann nicht beurteilt werden.
T_0		=	Kein Anhalt für einen Primärtumor.
Tis		=	T steht für Tumorstufe; is steht für „Carcinoma in situ-Zellen". Das bedeutet, dass nur vorveränderte Zellen (in-situ-Zellen = Krebsvorstufe) nachweisbar sind, der Pathologe keine Invasion gefunden hat und es sich noch nicht um Krebs handelt.
T1		=	Die Ausdehnung ist größer 1 mm und kleiner 2 cm
	T1a		= 0,1 bis 0,5 cm
	T1b		= 0,5 bis 1,0 cm
	T1c		= 1,2 bis 2,0 cm
T2		=	2,1 cm bis 5 cm
T3		=	größer 5 cm
T4		=	Infiltration (Ausbreitung von Tumorzellen)

Steht ein „p" vor der Eigenschaft (z. B. pT1, pN1) bedeutet das, dass ein Pathologe das Gewebe exakt untersucht hat, um die Zellen genau zu charakterisieren.

Die Bezeichnung der Lymphknoten N (Nodus) lautet:

N_x = benachbarte Lymphknoten sind nicht beurteilbar
N_0 = keine benachbarten Lymphknotenmetastasen vorhanden
N_1 = Metastasen in 1 bis 6 benachbarten Lymphknoten vorhanden
N_2 = Metastasen in 7 bis 15 benachbarten Lymphknoten vorhanden
N_3 = Metastasen in mehr als 15 benachbarten Lymphknoten vorhanden

Beispiel:

pN0 (0/3 sn-)

Das „p" steht für Ergebnis der pathologischen Untersuchung.
Das „N" steht für Lymphknoten.
Die „0" steht für keine benachbarten Lymphknotenmetastasen vorhanden.
(0/3 sn-): Es sind 0 Lymphknoten von 3 entnommenen Lymphknoten befallen. Sn steht für Sentinel-Lymphknoten-Entfernung, auch Wächter-Lymphknoten genannt.

Das bedeutet, dass in unserem Beispiel die ersten drei Lymphknoten, die als nächstes am Tumor lagen, entfernt wurden und keine Metastasen gefunden wurden.

Ob es bereits Tochtergeschwüre, also Metastasen (M) gibt, zeigen folgende Bezeichnungen:

M_x = Fernmetastasen sind nicht beurteilbar
M_0 = keine Metastasen vorhanden
M_1 = Fernmetastasen (z. B. in der Lunge, Leber, Niere oder Knochen) vorhanden

Als weitere Unterteilung gibt es noch das Grading (G)

Das Grading sagt aus, wie schnell sich die Zellen teilen. Teilen sich die Zellen eher langsam und differenziert, so geht man von einem weniger aggressiven Tumor aus.

Ist die Zellteilung sehr schnell und undifferenziert, handelt es sich um einen besonders aggressiven und schnell wachsenden Tumor.

Der histologische Differenzierungsgrad (Grading) ist aufgeteilt in

G1	=	gut differenziert
G2	=	mäßig differenziert
G3	=	schlecht differenziert
G4	=	undifferenziert

Einige Krebsarten werden nach der mikroskopischen Untersuchung nach WHO-Classification noch detaillierter klassifiziert in

Low grade	=	langsam wachsend und den normalen Körperzellen sehr ähnlich (gut „differenziert")
Intermediate grade	=	zwischen langsam und schnellwachsend
High grade	=	schnell wachsend, sehr abnormal aussehend und damit „gering differenziert", wodurch er hoch aggressiv erscheint und ein hohes Risiko besteht, dass der Krebs streut

Es gibt aber noch weitere Bezeichnungen:

Reste (R)

Der Pathologe prüft das entnommene Gewebe weiterhin, ob noch Reste (R) eines Tumors im Randgewebe des entnommenen Gewebes sind.

R0	=	Es wurden keine bösartigen Zellen mehr im Randgewebe gefunden. Alle bösartigen Zellen konnten sicher entfernt werden.
R1	=	Es wurden noch Tumorzellen im Randgewebe gefunden. Es ist anzunehmen, dass nicht alle bösartigen Zellen entfernt wurden und noch bösartige Zellen im Körper sind. In diesem Fall muss noch einmal nachoperiert werden.

Lymphgefäße (L)

Die Bezeichnung Lymphgefäße (L) beschreibt, ob Metastasen in Lymphgefäße eingedrungen sind oder nicht. Hierzu werden die umgebenen Lymphbahnen des entnommenen Gewebes untersucht.

L0	=	Es sind keine Tumorzellen in Lymphbahnen nachweisbar.
L1	=	Es wurden Tumorzellen in Lymphbahnen nachgewiesen.

Venen/Gefäße (V)

Mit der Bezeichnung (V) für Venen/Gefäße bewertet der Pathologe, ob Tumorzellen in Venen und Arterien nachweisbar sind.

V0	=	Es sind keine Tumorzellen nachweisbar.
V1	=	Es wurden Tumorzellen in Venen und/oder Arterien nachgewiesen.

C (Certainty factor)

C (Certainty factor) sagt etwas über die Untersuchungsart des Ergebnisses aus:

C1	=	klinische Untersuchung, Standard-Röntgen-Aufnahme, Endoskopie
C2	=	spezielle apparative Untersuchungen (CT, Ultraschall, MRT, Endoskopie mit Biopsie)
C3	=	chirurgische Exploration mit Biopsie/Zytologie
C4	=	vollständige pathologische Aufarbeitung
C5	=	Autopsie (Untersuchung nach mysteriösem Tod)

Praxis-Tipp:

Wenn Sie weitere Fragen hierzu haben, sprechen Sie mit Ihrem behandelnden Arzt.

Informieren Sie sich über die Strahlentherapie

Informieren Sie sich vor einer Strahlenbehandlung, welche konkrete Strahlentherapie die besten Erfolge hat! Nicht jede Strahlentherapie ist gleich. Es gibt unterschiedliche Strahlengeräte mit unterschiedlichen Therapien.

Verlassen Sie sich dabei nicht nur auf Ihren behandelnden Arzt. Es kann sein, dass z. B. Ihr behandelnder Arzt im Krankenhaus mit einer Radiologiepraxis zusammenarbeitet. Es gibt Krebserkrankungen, die auf bestimmte Strahlengeräte besonders gut ansprechen. Nicht immer hat aber eine Radiologiepraxis genau das Strahlengerät, welches für Ihre Krebserkrankung die besten Erfolge bringen kann.

Beispiel:

Patient Herr Meyer erkrankt an Prostatakrebs. Besonders gute Ergebnisse wurden bei Prostatakrebs mit einem Tomo-Strahlengerät gemacht.

Der behandelnde Arzt überweist Herrn Meyer aber an eine Radiologiepraxis, die nur über ein Ionen-Strahlengerät verfügt. Würde Herr Meyer sich tatsächlich mit einem Ionen-Strahlengerät behandeln lassen, wäre das möglicherweise nur die zweitbeste Behandlung. In diesem Fall muss Herr Meyer sich proaktiv vor der Behandlung informieren und auf eine Behandlung seiner Wahl bestehen.

Wichtig: Lassen Sie sich nicht aus Bequemlichkeitsgründen, weil die Praxis für Sie so zentral liegt oder der Arzt so nett war, dazu überreden, eine Strahlenbehandlung in einer Praxis zu machen, die nicht über das Strahlengerät verfügt, welches für Ihre Krebserkrankung die erste Wahl ist. Es geht um Ihr Leben! In Deutschland gibt es eine freie Arztwahl. Sie müssen also nicht in die Radiologiepraxis, in die Sie der behandelnde Arzt überweisen möchte. Informieren Sie sich rechtzeitig, welche Strahlenbehandlung bei Ihrer Krebserkrankung die besten Erfolge hat und gehen Sie in die Radiologiepraxis, die über das Strahlengerät verfügt, welches für Ihre Krebserkrankung die besten Erfolge hat.

Vor Beginn der Strahlentherapie bekommen Sie einen Aufklärungsbogen mit möglichen Nebenwirkungen. Fragen Sie direkt beim ersten Gespräch den Arzt, der das Aufklärungsgespräch führt, wer bei eventuellen Nebenwirkungen Ihr Ansprechpartner ist. Auftretende Beschwerden bzw. Nebenwirkungen sollten Sie direkt bei Auftreten am selben oder nächsten Tag mit dem für Sie zuständigen Arzt besprechen, um stärkere Nebenwirkungen zu verhindern bzw. zu reduzieren.

Des Weiteren sollten Sie im ersten Aufklärungsgespräch den Arzt nach einer Verordnung für einen Krankentransport (auch ein Taxi gilt als Krankentransport) für die Zeit der Strahlentherapie fragen. Selbst wenn Sie sich am Anfang noch fit fühlen, so kann sich dies unter Umständen während der Strahlenbehandlung schnell ändern und Sie sind froh, mit einem Krankentransport/Taxi fahren zu können.

Krankenbeförderung/Krankentransport

Zur Frage der Krankenbeförderung gibt es ganz unterschiedliche Regelungen.

Privatpatienten müssen mit ihrer Versicherung abklären, wann welche Fahrten und mit welcher Zuzahlung übernommen werden.

Bei gesetzlich Versicherten gibt es unterschiedliche Voraussetzungen für eine Krankenbeförderung. Grundlage für einen Krankentransport, egal ob mit Taxi, Krankenwagen oder eigenem Pkw, ist die „Krankentransport-Richtlinie" und § 60 SGB V (Fahrkosten) für gesetzlich Versicherte.

Eine Übernahme der Fahrkosten ist nur bei medizinischer Notwendigkeit einer Beförderung möglich. Diese liegt bei einer parenteralen antineoplastischen Arzneimitteltherapie/parenteralen onkologischen Chemotherapie, einer onkologischen Strahlentherapie oder Dialysebehandlung vor.

Achtung: Die Fahrkosten sind verordnungspflichtig!

Nur verordnungspflichtig, aber nicht von der gesetzlichen Krankenkasse genehmigungspflichtig sind folgende Fahrten:

- Fahrten ins Krankenhaus zu einer stationären Behandlung,
- Fahrten zu einer vor- oder nachstationären Behandlung im Krankenhaus (gemäß § 115a SGB V),
- Fahrten zu einer – die stationäre Behandlung ersetzenden – ambulanten Operation (gemäß § 115b SGB V), die sowohl im Krankenhaus als auch in der Vertragsarztpraxis durchgeführt werden kann, sowie
- Rettungsfahrten.

Das bedeutet, für diese Fahrten benötigen Sie vom behandelnden Arzt nur eine Verordnung für eine Krankenbeförderung (Formular Muster 4), nicht aber eine zusätzliche Genehmigung durch Ihre gesetzliche Krankenkasse.

Im Gegensatz dazu bedarf eine Krankenbeförderung zu ambulanten Behandlungen nach § 6 Abs. 3 sowie § 8 der Krankentransport-Richtlinie einer vorherigen Genehmigung durch die gesetzliche Krankenkasse. Das bedeutet, dass für Fahrten zu einer ambulanten Behandlung (zu onkologischen Strahlenbehandlungen, parenteraler antineoplastischer Arzneimitteltherapie bzw. parenteraler onkologischer Chemotherapie) vorher eine schriftliche Genehmigung notwendig ist.

Achtung: Gemäß § 9 der Krankentransport-Richtlinie sind genehmigungspflichtige Verordnungen der Krankenkasse *frühzeitig* vorzulegen!

§ 9 der Krankentransport-Richtlinie besagt außerdem, dass Dauer und Umfang (z. B. Transportmittel, Hin- und Rückfahrt) der Genehmigung von der Krankenkasse festgelegt werden.

Verordnung

Fahrten zu ambulanten Behandlungen können von der Krankenkasse übernommen werden, wenn eine oder mehrere der nachfolgenden Voraussetzungen erfüllt sind:

- Es liegt eine Erkrankung vor, die eine hohe Behandlungsfrequenz über einen längeren Zeitraum erfordert und diese Behandlung oder der zu dieser Behandlung führende Krankheitsverlauf beeinträchtigt die betroffene Person in einer Weise, dass eine Beförderung zur Vermeidung von Schaden an Leib und Leben unerlässlich ist.

Gemäß Anlage II der Krankentransport-Richtlinie fallen darunter: die Dialysebehandlung, die onkologische Strahlentherapie und die parenterale antineoplastische Arzneimitteltherapie/parenterale onkologische Chemotherapie. **In diesen Fällen ist eine vorherige Genehmigung seitens der Krankenkasse erforderlich!**

- Es liegt ein Schwerbehindertenausweis vor mit dem Merkzeichen „aG" (außergewöhnlich gehbehindert), „Bl" (Blindheit) oder „H" (Hilflosigkeit). In diesen Fällen gilt die Genehmigung seitens der Krankenkasse als erteilt (neue Regelung seit 01.01.2019), es sei denn, es wird eine Beförderung mit einem Krankentransportwagen benötigt.
- Es liegt ein Einstufungsbescheid in den Pflegegrad 3[1] mit dauerhafter Mobilitätsbeeinträchtigung, Pflegegrad 4 oder 5 vor. In diesem Fall gilt die Genehmigung seitens der Krankenkasse als erteilt (neue Regelung seit 01.01.2019). Ausnahme: Es wird eine Beförderung mit einem Krankentransportwagen benötigt.
- Die/Der Betroffene besitzt keinen Nachweis, also keinen Schwerbehindertenausweis oder Einstufungsbescheid, jedoch liegt eine vergleichbare Beeinträchtigung der Mobilität vor und eine ambulante Behandlung über einen längeren Zeitraum ist erforderlich. In diesen Einzelfällen ist eine vorherige Prüfung und Genehmigung seitens der Krankenkasse erforderlich!

Als maßgebliche Vorschriften lassen sich hier § 60 SGB V und § 8 der Krankentransport-Richtlinie nennen.

---

[1] Bestandsschutz: Versicherte, die bis zum 31.12.2016 aufgrund der Einstufung in die Pflegestufe 2 und seit dem 01.01.2017 mindestens in Pflegegrad 3 eingestuft waren/sind, haben einen Anspruch auf Fahrtkostenübernahme. Solange diese Patienten mindestens in den Pflegegrad 3 eingestuft sind, bedarf es für sie keiner gesonderten Feststellung einer dauerhaften Mobilitätsbeeinträchtigung.

Für die Beantragung der Kostenübernahme ist folgendes Vorgehen zwingend erforderlich:

- Sie benötigen eine korrekt ausgefüllte Verordnung für eine Krankenbeförderung (Muster 4 – so lautet hierfür das Formular der gesetzlichen Krankenversicherung) von Ihrem Fach- oder Hausarzt. Achten Sie darauf, dass das Formular korrekt ausgefüllt ist. Wenn Sie eine nicht korrekt ausgefüllte Verordnung des Arztes an die Krankenkasse schicken, kann das zu einer erheblichen Verzögerung der Genehmigung und eventuell zu nicht erstatteten Fahrtkosten führen.
- Diese Verordnung schicken Sie (in Kopie!) an Ihre gesetzliche Krankenkasse mit der Bitte um Genehmigung.
- Von Ihrer gesetzlichen Krankenkasse erhalten Sie ggf. eine schriftliche Genehmigung für die Krankenbeförderung sowie eine Liste von bestimmten Unternehmen (z. B. ausgewählte Taxigesellschaften), die mit der Krankenkasse diese Fahrten direkt abrechnen.

Praxis-Tipp:

Überprüfen Sie die vom Arzt ausgestellte Verordnung für Krankentransport (Muster 4) auf Vollständigkeit und Richtigkeit, bevor Sie diese an Ihre Krankenkasse zur Genehmigung schicken. Gerne schleichen sich hier Fehler ein, die den Genehmigungsprozess deutlich verlängern, indem beispielsweise nicht alle Angaben korrekt sind und eine korrigierte Verordnung für Krankentransport (Muster 4) vorgelegt werden muss.

Nachdem Sie bei Ihrer Krankenkasse die Verordnung für Krankentransport (Muster 4 – in Kopie) eingereicht und schriftlich den Transport beantragt haben, müssen Sie erst einmal auf die Genehmigung warten. Liegt auch nach einem gewissen Zeitraum noch keine Genehmigung vor und rückt der Behandlungstermin näher, fragen Sie hartnäckig bei Ihrer Krankenkasse nach der Bearbeitung bzw. Genehmigung Ihres Antrages nach.

Sofern möglich, lassen Sie sich notfalls die Genehmigung vorab per Fax zuschicken. Laut Gesetz haben Krankenkassen bis zu 3 Wochen Zeit (ohne Zeit der Postzustellung), einen Antrag eines Versicherten zu bearbeiten. Einige Krankenkassen nutzen diesen Zeitraum voll aus. Das kann insbesondere bei Krankentransporten zu teuren Problemen des Versicherten führen, wenn z. B. ein Taxi ohne Genehmigung benutzt wird.

Praxis-Tipp:

Achten Sie darauf, dass Sie vor Antritt der Serienfahrten eine schriftliche Genehmigung für Fahrten über den gesamten Zeitraum – einschließlich einer ggf. erforderlichen Verlängerung – von Ihrer Krankenkasse erhalten. Nur für diese Fahrten haben Sie die Gewissheit, dass die Kosten auch wirklich von der gesetzlichen Krankenkasse übernommen werden.

Liegt die Genehmigung vor, sollte dieser eine Aufstellung von Krankentransport-/Taxiunternehmen aus der Umgebung beiliegen, die einen Vertrag mit Ihrer gesetzlichen Krankenkasse abgeschlossen haben und direkt mit ihr abrechnen können.

Ist das nicht der Fall, was immer wieder vorkommt, können Sie bei umliegenden Krankentransport-/Taxiunternehmen anrufen und erfragen, ob diese Unternehmen einen Vertrag mit Ihrer gesetzlichen Krankenkasse haben und mit ihr direkt abrechnen.

Beispiel:

Sie haben 30 ambulante onkologische Strahlenbehandlungen verordnet bekommen, die am Mittwoch, den 10.07., enden.

Erfragen Sie nachdrücklich/bestimmt bei Ihrer Krankenkasse, ob die Genehmigung für 1 Woche länger ausgestellt werden kann. Werden Sie nämlich während der Behandlung so krank, dass die Behandlung einige Tage ausgesetzt werden muss oder muss das Strahlengerät während des Behandlungszeitraums gewartet oder repariert werden, müssen Sie jeweils für die zusätzlichen Tage eine schriftliche Verlängerung beantragen!

Da sich diese Änderungen aber im Verlauf der Behandlung von mehreren Wochen ergeben, kann es sein, dass Sie unter Umständen z. B. fünf Verlängerungsanträge für den Krankentransport bzw. das Taxi stellen müssen.

Wichtig: *Nur* wenn eine schriftliche Genehmigung von der gesetzlichen Krankenkasse über den gesamten Zeitraum vorliegt, werden die Kosten auch sicher übernommen. Andernfalls kann sich die gesetzliche Krankenkasse bei der Frage der Erstattung dahingehend herausreden, dass Fahrten nur bis zum genehmigten Datum gewährt werden. Liegt überhaupt keine Genehmigung der Krankenkasse vor, kann diese für den gesamten Zeitraum die Kostenübernahme verweigern.

Ausschreibung von Serien-Krankentransportfahrten

Vorsicht ist geboten, wenn Ihr Arzt auf der Verordnung einer Krankenbeförderung ein Kreuzchen bei dem Kästchen Wartezeit und Gemeinschaftsfahrt (Sammelfahrt) gemacht hat. Die Ablehnung einer Gemeinschaftsfahrt (Sammelfahrt) ist nicht möglich, wenn Ihr behandelnder Arzt diese auf der Verordnung angekreuzt hat.

Aus Gründen der Kostenersparnis für Krankentransportfahrten kann es sein, dass Sie Ihre Krankenkasse trotzdem anruft und höflich fragt, ob sie Ihre Serien-Krankenfahrten ausschreiben kann. Das bedeutet nämlich konkret: Alle Fahrten werden unter verschiedenen Taxiunternehmen ausgeschrieben und Sie haben nicht mehr die freie Auswahl zwischen den Taxiunternehmen, mit denen Ihre Krankenkasse einen Vertrag hat. Da sich diese Fahrten für Taxiunternehmen aber mit der Unterbietung der Preise überhaupt nicht mehr lohnen, bieten nur Unternehmen mit, die mehrere Kunden (Patienten) zum gleichen Ort bringen müssen.

Das kann dann in der Praxis z. B. so aussehen, dass zuerst Sie und nach Ihnen zwei oder drei andere Kunden abgeholt werden. Erst wenn alle Kunden an Bord sind, wird an den Zielort (z. B. die Radiologie, die Strahlentherapie oder die Chemotherapie) gefahren. Nach der Behandlung müssen Sie nicht nur warten, bis alle anderen Kunden/Patienten ebenfalls mit der Behandlung fertig sind, sondern unter Umständen auch, bis alle anderen vor Ihnen wieder nach Hause gebracht wurden. Nicht selten verbringen Sie dann mehr oder weniger fast den ganzen Tag im Taxi, weil dies eventuell die günstigste Route für das Taxiunternehmen ist.

Gerade Krebspatienten sind während der Behandlung häufig besonders geschwächt und möchten sich gerne nach der täglichen Behandlung zuhause hinlegen und nicht noch stundenlang durch die Gegend gefahren werden.

Praxis-Tipp:
Sind Sie mit einer Ausschreibung Ihrer Krankentransportfahrten nicht einverstanden, sagen Sie das dem Mitarbeiter Ihrer Krankenkasse, indem Sie eine Ausschreibung Ihrer Fahrten ablehnen!

Private Probefahrt auf eigene Kosten

Bei einer langen Behandlungsserie zu einer Chemo- und/oder Strahlentherapie kann es sinnvoll sein, vorab ein bis zwei private Probefahrten (auf eigene Kosten) mit dem ausgewählten Taxiunternehmen zu machen und abzuklären,

- ob die Fahrer pünktlich/zuverlässig sind,
- wie freundlich die Fahrer sind und
- wie das Taxi von innen und außen aussieht.

Es gibt beispielsweise Taxifahrer von Unternehmen, die Ihnen bei jeder Fahrt durch die Blume ausführlich erzählen, dass sie viel zu wenig verdienen, und von Ihnen immer wieder ein hohes Trinkgeld erwarten. Sicherlich gibt jeder gerne mal ein angemessenes Trinkgeld, aber hier sprechen wir von möglicherweise 30 Fahrten und mehr. Unangenehm kann es sich insbesondere dann gestalten, wenn Sie gerade von demselben Fahrer beispielsweise bei 35 Fahrten à 40 km oder mehr einfache Fahrt gefahren werden.

Schauen Sie sich die Taxen und Fahrer genau an. Ist dieses sauber und gepflegt oder ist es innen ebenso schmutzig wie außen? Hat der Wagen unzählige Beulen von vorherigen Unfällen? Hält der Fahrer die Verkehrsregeln ein, fährt er z. B. mehrfach über rote Ampeln oder überschreitet er massiv die Geschwindigkeitsbegrenzung? Nimmt es der Fahrer mit der Körperpflege nicht so genau bzw. übertreibt er es mit der Verwendung von Parfüm?

Vor dem Hintergrund, dass Sie eventuell die komplette Chemo- und Strahlentherapie immer mit dem gleichen Unternehmen oder gar dem gleichen Taxifahrer fahren und somit vermutlich sehr viele Stunden in einem Taxi verbringen, lohnt sich dieser Test

meiner Meinung nach in jedem Fall. Glauben Sie mir: Fahrten mit Taxen/Fahrern, bei denen Sie sich nicht wohl fühlen, können extrem lang und unangenehm werden.

Daher kann es auch ggf. sinnvoll sein, dass Sie beim Taxiunternehmen – nachdem Sie mit einem Fahrer besonders zufrieden waren – nachfragen, ob dieser Sie immer oder zumindest öfter fahren kann.

Zuzahlungen für Krankenbeförderungen (Serienfahrten)

Für jede Fahrt, also sowohl **jede Hin- als auch jede Rückfahrt**, ist eine Zuzahlung zu leisten. Hintergrund ist die Auffassung des Medizinischen Dienstes der Krankenversicherung (MDK), demnach onkologische Chemo- und Strahlentherapien oder Dialysebehandlungen keinen stationärersetzenden Charakter mehr haben und inzwischen ambulant erbracht werden können. Weiterhin ist diese Verfahrensweise, für jede Fahrt eine Zuzahlung zu verlangen, in der Krankentransport-Richtlinie bzw. in § 61 Satz 1 SGB V (Zuzahlungen) bereits so geregelt.

§ Nach einem Urteil des Bundessozialgerichts vom 18.11.2014 (AZ: B 1 KR 8/13 R) besteht kein gesetzlicher Anspruch auf Fahrtkostenübernahme zur ambulanten Behandlung von Tumorerkrankungen.

Die Kosten für die Krankenbeförderung können Sie bei der Einkommensteuererklärung geltend machen.

Wichtig: Das bedeutet konkret, für alle **ambulanten** Fahrten, auch Serienfahrten zur Chemo- und/oder Strahlentherapie oder Dialyse, müssen Sie für **jede Hin- und für jede Rückfahrt** je Behandlung 10 Prozent der Kosten, mindestens 5 Euro und höchstens 10 Euro, bezahlen, sofern keine Befreiung von Zuzahlungen vorliegt.

Dies kann bei beispielsweise 42 Fahrten (z. B. sechs Fahrten zur Chemotherapie und 36 Fahrten zur Strahlentherapie) mit einer Zuzahlung von 5 Euro oder 10 Euro schnell sehr teuer werden. In diesen Fällen sollten Sie bereits vorab in Erwägung ziehen, einen Antrag auf Zuzahlungsbefreiung (siehe unten Abschnitt „Befreiung von gesetzlichen Zuzahlungspflichten“) zu stellen. Beachten Sie dabei, dass zwar eine chronische Erkrankung 1 Jahr bestehen muss, aber wenn die Krebserkrankung z. B. im Oktober 2019 festgestellt wurde, ein Antrag auf Zuzahlungsbefreiung im Oktober 2020 für das Jahr 2020 gestellt werden kann. Inwieweit dies zu einer finanziellen Entlastung führt, muss im Einzelfall geprüft werden.

Praxis-Tipp:

Waren die Voraussetzungen für die Zuzahlungsbefreiung auch bereits im vorhergehenden Kalenderjahr erfüllt, können Zuzahlungsbelege auch rückwirkend, also auch im aktuellen Kalenderjahr für das vergangene Kalenderjahr bei der Krankenkasse eingereicht werden. Zu viel geleistete Zuzahlungen werden in der Regel auch dann von der Krankenkasse erstattet.

Bei folgenden Fahrten übernimmt die Krankenkasse die Fahrkosten in Höhe des die Zuzahlung übersteigenden Betrages:

- Fahrten ins Krankenhaus zu einer stationären Behandlung,
- Fahrten zu einer vor- oder nachstationären Behandlung im Krankenhaus (gemäß § 115a SGB V),
- Fahrten zu einer – stationären Behandlung ersetzenden – ambulanten Operation (gemäß § 115b SGB V), die sowohl im Krankenhaus als auch in der Vertragsarztpraxis durchgeführt werden kann, sowie
- Rettungsfahrten.

Erforderliche Unterlagen für die Abrechnung

Das Taxi- oder Krankentransportunternehmen benötigt für die Abrechnung der Fahrt/en folgende Unterlagen von Ihnen:

- die Verordnung für eine Krankenbeförderung (Muster 4) im Original
- die schriftliche Genehmigung der gesetzlichen Krankenkasse für die Beförderung
- eine Kopie der Zuzahlungsbefreiung, sofern diese vorliegt (siehe unten Abschnitt „Befreiung von gesetzlichen Zuzahlungspflichten")

Bei Serienfahrten (zur Strahlentherapie bzw. parenteralen antineoplastischen Arzneimitteltherapie/parenteralen onkologischen Chemotherapie) sind zur Abrechnung der Fahrten zusätzlich erforderlich:

- eine Bestätigung der Klinik oder Praxis, dass die Therapie an den jeweiligen Terminen durchgeführt wurde und
- eine Bestätigung mit Unterschriften des Patienten über durchgeführte Serienfahrten

Praxis-Tipp:

Bei einer Serienbehandlung (Strahlentherapie bzw. parenterale antineoplastische Arzneimitteltherapie/parenterale onkologische Chemotherapie) ist es sinnvoll, eine Bestätigung der Serienfahrten (siehe unten) selbst zu erstellen.

Zwar erhalten Sie von dem Taxifahrer bei der letzten Fahrt eine Aufstellung mit Daten, an denen Sie von dem Taxiunternehmen gefahren wurden und die Sie während der letzten Fahrt z. B. 35-mal unterschreiben müssen.

Ob diese Daten tatsächlich korrekt sind, können Sie vermutlich im Taxi während der Fahrt nicht kontrollieren.

Um etwaige Missverständnisse und Probleme in Bezug auf die Abrechnung bereits im Vorfeld zu vermeiden, empfehle ich Ihnen, die nachfolgende Muster-Aufstellung für eine Serienfahrt mit Ihren Angaben zu erstellen:

Bestätigung für Serienfahrten

Strahlentherapie/Chemotherapie .... (z. B. Uniklinik Heidelberg)

Straße, Hausnummer ....

PLZ, Ort ....

Patientenname, Vorname ....

Geburtsdatum ....

Patientenanschrift ....

Anlage zum
Transportschein vom:

....

Anzahl der Behandlungstage

....

Nr.	Datum	Unterschrift	Sonstiges
1			z. B. Anzeichnungs-CT
2			
3			
4			
5			
6			

Nach Abschluss einer onkologischen Strahlentherapie bzw. parenteralen antineoplastischen Arzneimitteltherapie/parenteralen onkologischen Chemotherapie geben Sie dem Taxifahrer also zur Abrechnung folgende Unterlagen:

- die Verordnung für eine Krankenbeförderung (Muster 4) im Original
- die schriftliche Genehmigung der gesetzlichen Krankenkasse für die Beförderung
- eine Kopie der Zuzahlungsbefreiung, sofern diese vorliegt (siehe unten Abschnitt „Befreiung von gesetzlichen Zuzahlungspflichten“)
- eine Bestätigung der Klinik oder Praxis, dass die Therapie an den jeweiligen Terminen durchgeführt wurde
- eine Bestätigung mit Ihren Unterschriften über die durchgeführten Serienfahrten

Befreiung von gesetzlichen Zuzahlungspflichten

Aufgrund der anstehenden Krebsbehandlung können erhebliche Zuzahlungen fällig werden. So werden nicht nur Zuzahlungen für (Taxi-)Fahrten zur onkologischen Strahlentherapie bzw. parenteralen antineoplastischen Arzneimitteltherapie/parenteralen onkologischen Chemotherapie fällig, sondern es können auch Zuzahlungen für die onkologische Chemotherapie selbst (Medikamentenzuzahlung) anfallen.

Gesetzliche Zuzahlungspflichten

Gesetzliche Zuzahlungen für Leistungen der gesetzlichen Krankenkasse fallen wie folgt an:

- für Krankenhausbehandlung, Anschlussrehabilitation: 10 Euro je Kalendertag für max. 28 Tage im laufenden Kalenderjahr
- für Heilmittel (beispielsweise Massagen, Krankengymnastik etc.): 10 Prozent der Kosten zuzüglich 10 Euro je Verordnung

- für Hilfsmittel, die zum Verbrauch bestimmt sind, wie z. B. Vorlagen, Windeln, Spritzen, Sonden etc.: 10 Prozent je Packung, aber maximal 10 Euro je Monat
- für Arznei- und Verbandsmittel, Hilfsmittel (wie z. B. Rollator, Rollstuhl), Haushaltshilfe, Soziotherapie: 10 Prozent des Abgabepreises bzw. der Kosten (mindestens 5 Euro, aber maximal 10 Euro, höchstens jedoch die tatsächlichen Kosten, z. B. 7,60 Euro)
- Fahrkosten zur onkologischen Strahlentherapie und antineoplastischen Arzneimitteltherapie/parenteralen onkologischen Chemotherapie
- Bei einer Zuzahlung für jede Hin- und Rückfahrt kommt schnell eine größere Summe zusammen. Mit einem Antrag auf Zuzahlungsbefreiung können Sie diese Kosten aber häufig reduzieren oder gar umgehen. Für Fahrtkosten zu und von stationären Behandlungen: 10 Prozent der Kosten, mindestens 5 Euro, aber maximal 10 Euro je Fahrt, jedoch nicht mehr als die tatsächlichen Kosten
- für Vorsorge- und Rehabilitationsleistungen (sofern Kostenträger die Krankenkasse ist!): jeweils 10 Euro je Kalendertag ohne zeitliche Begrenzung
- für Rehabilitationen mit verminderter Zuzahlungsdauer bei bestimmten Erkrankungen: 10 Euro je Kalendertag für längstens 28 Tage im Kalenderjahr
- für häusliche Krankenpflege: 10 Prozent der Kosten für längstens 28 Tage im Kalenderjahr zuzüglich 10 Euro je Verordnung

Praxis-Tipp:

Ist der Kostenträger einer Rehabilitationsmaßnahme der Rentenversicherungsträger, fällt zwar bei einem stationären Aufenthalt in der Regel auch eine Zuzahlung für längstens 42 Tage an, diese Zuzahlung ist aber für die Befreiung von Zuzahlungen bei der gesetzlichen Krankenkasse irrelevant. Das bedeutet also beispielsweise: Obwohl eine Zuzahlungsbefreiung Ihrer gesetzlichen Krankenkasse vorliegt, müssen Sie in der Regel die Zuzahlungen an den Rentenversicherungsträger trotzdem leisten. Fragen Sie beim Rentenversicherungsträger in diesem Fall nach, ob eine Zuzahlungsbefreiung oder Zuzahlungsreduzierung für Sie möglich ist.

Alle Zuzahlungen müssen ab Vollendung des 18. Lebensjahres gezahlt werden, bei Fahrtkosten auch von Versicherten unter 18 Jahren, sofern keine Zuzahlungsbefreiung vorliegt.

Eine Zuzahlungsbefreiung kann jeder gesetzlich Versicherte beantragen, der mehr als 2 Prozent des Brutto-Jahreseinkommens im laufenden Kalenderjahr gezahlt hat. Wer gesetzlich krankenversichert und schwerwiegend chronisch krank ist, muss unter bestimmten Voraussetzungen nur eine Zuzahlungsbelastung (Chronikerregelung § 62 SGB V – Belastungsgrenze) von 1 Prozent (anstatt 2 Prozent) des Brutto-Jahreseinkommens zahlen.

Liegt bei Ihnen noch keine Zuzahlungsbefreiung vor, ist zu überlegen, ob diese grundsätzlich möglich und wann sie ggf. sinnvoll ist (z. B. bei dem Beginn einer Krebsbehandlung Mitte Dezember oder erst für das neue Kalenderjahr).

Praxis-Tipp:
Ob eine Zuzahlungsbefreiung bei Ihnen möglich ist und welche konkreten Voraussetzungen bestehen, erfahren Sie von Ihrer gesetzlichen Krankenkasse. Dort erhalten Sie ebenfalls das erforderliche Antragsformular.

In der privaten Krankenversicherung gibt es in der Regel keine Zuzahlungen zu Arznei-, Heil- und Hilfsmitteln. Eventuell wurde ein Selbstbehalt bei Abschluss der privaten Krankenversicherung vereinbart. Konkrete Informationen finden Sie in Ihren Versicherungsunterlagen oder erhalten Sie von Ihrer privaten Krankenversicherung.

Zuzahlungsbefreiung nach der Chronikerregelung

Eine Krankheit ist nach § 2 der Chroniker-Richtlinie schwerwiegend chronisch, wenn sie wenigstens 1 Jahr lang mindestens einmal pro Quartal ärztlich behandelt wurde (Dauerbehandlung) **und** mindestens eine der folgenden Voraussetzungen erfüllt ist:

- Die kontinuierliche medizinische Versorgung (ärztliche oder psychotherapeutische Behandlung, Arzneimitteltherapie, Behandlungspflege, Versorgung mit Heil- und Hilfsmitteln) ist erforderlich, ohne die nach ärztlicher Einschätzung eine lebensbedrohliche Verschlimmerung, eine Verminderung der Lebenserwartung oder eine dauerhafte Beeinträchtigung der Lebensqualität durch zugrunde liegende schwerwiegende chronische Erkrankung zu erwarten ist.
- Es besteht mindestens Pflegegrad 3.
- Es besteht eine anerkannte Schwerbehinderung mit einem Grad der Behinderung (GdB) von 60 bzw. einer Minderung der Erwerbsfähigkeit von 60.

Verschreibungspflicht und Erstattungsfähigkeit

Wichtig: Die Befreiung von der Zuzahlung bezieht sich nur auf verschreibungspflichtige und erstattungsfähige Medikamente und Medizinprodukte sowie Heil- und Hilfsmittel. Nicht erstattungsfähige Medikamente und Medizinprodukte sowie Heil- und Hilfsmittel müssen weiterhin voll selbst bezahlt werden.

Vorsicht: Nicht alle verschreibungspflichtigen Medikamente und Medizinprodukte sind aber erstattungsfähig. Nicht erstattungsfähige Medikamente und Medizinprodukte müssen selbst bezahlt werden, obwohl sie unter Umständen verschreibungspflichtig sind.

Das bedeutet: Sie benötigen für ein verschreibungspflichtiges Medikament oder Medizinprodukt ein ärztliches Rezept, müssen aber die Kosten für dieses Produkt komplett selbst tragen. Allerdings können Sie die Kosten für nicht erstattungsfähige, verschreibungspflichtige Medikamente und Medizinprodukte mit ärztlichem (grünem!) Rezept in der Einkommensteuererklärung geltend machen.

Wie berechnet sich die Belastungsgrenze der Brutto-Einnahmen?

2 Die Belastungsgrenze bei gesetzlich Versicherten errechnet sich aus den Brutto-Einnahmen aller im Haushalt lebenden Angehörigen. Zum Brutto-Jahreseinkommen zählen Arbeitsentgelt, Einkommen aus Nebenjobs (450-Euro-Jobs), Sonderzahlungen, Arbeitseinkommen aus selbstständiger Tätigkeit, Leistungen der Agentur für Arbeit oder der Kommune, Renten, Pensionen, Unterhalt, Mieteinnahmen, Zinserträge. Berücksichtigt wird ein Freibetrag für Ehegatten bzw. Lebenspartner nach dem Lebenspartnerschaftsgesetz sowie ein Freibetrag für jedes zu berücksichtigende Kind. Die Höhe des Freibetrags variiert jedes Jahr. Konkrete Freibeträge finden Sie in den Antragsunterlagen der gesetzlichen Krankenkasse.

Beispiel:

Jährliches Einkommen der Ehefrau (Hauptjob)	24.000,00 EUR
Jährliches Einkommen des Ehemanns (Hauptjob)	24.000,00 EUR
450-Euro-Job des Ehemanns (Jahressumme Nebenjob)	5.400,00 EUR
Ausbildungsvergütung Kind 1	6.000,00 EUR
Gesamt-Familieneinkommen	59.400,00 EUR
abzüglich Freibetrag für Ehegatten in 2019	5.607,00 EUR
abzüglich Freibetrag für jedes zu berücksichtigende Kind	7.620,00 EUR
Zwischensumme	46.173,00 EUR
1 %-Belastungsgrenze	**461,73 EUR**
2 %-Belastungsgrenze	**923,46 EUR**

Von der Krankenkasse werden auf Antrag zu viel geleistete Zuzahlungen, also Zuzahlungen, die die Belastungsgrenze überstiegen haben, erstattet.

Zeitpunkt der Zuzahlungsbefreiung

Es gibt zwei verschiedene Zeitpunkte für eine Zuzahlungsbefreiung:

- Der Antrag auf Zuzahlungsbefreiung wird erst dann bei der Krankenkasse gestellt, wenn 2 Prozent oder 1 Prozent der Zuzahlungen bei chronisch Kranken der zumutbaren Belastung erreicht wurden. Hierzu müssen alle Belege sorgfältig gesammelt werden und auf jeder Zuzahlungsquittung der Apotheke muss der Name des Patienten vermerkt sein. Wird dieser nachträglich per Hand darauf geschrieben, muss diese Änderung noch mit einem Stempel und einer Unterschrift von der Apotheke bestätigt werden.
- Alternativ können Sie bereits am Anfang eines jeden Kalenderjahres die Summe über die zumutbare Belastung – nach Antragstellung auf Zuzahlungsbefreiung – an Ihre Krankenkasse überweisen.

Grundsätzlich ist es sinnvoll, eine Zuzahlungsbefreiung – sofern möglich – für das aktuelle Jahr zu beantragen, sofern die Krebsbehandlung mit der Serienfahrt nicht gerade über den Jahreswechsel erfolgt. In letzterem Fall sollte man sich vorher ausrechnen, ob sich eine Zuzahlungsbefreiung überhaupt rechnet oder der Antrag auf Zuzahlungsbefreiung direkt im Folgejahr gestellt werden sollte.

Erfolgt die antineoplastische Arzneimitteltherapie/parenterale onkologische Chemotherapie nicht über den Jahreswechsel, empfiehlt es sich fast immer, sofort einen Antrag auf Zuzahlungsbefreiung zu stellen.

Legen Sie eine Kranken- bzw. Patientenakte an

Archivierung/Ablage

Im weiteren Verlauf Ihrer Behandlung werden Sie immer wieder von behandelnden Ärzten, dem Versorgungsamt, ggf. dem Rentenversicherungsträger und dem MDK usw. nach ärztlichen Befunden, persönlichen Angaben oder dem Rehabilitationsbericht gefragt.

Um diese Fragen möglichst effizient und schnell beantworten zu können, legen Sie sich für sich selbst eine Kranken-/Patientenakte in Papierform und – wenn möglich – auch gescannt auf dem Computer an.

Legen Sie sowohl alle relevanten Befunde aus der Vergangenheit als auch zukünftige Unterlagen nach Datum sortiert sorgfältig ab. Benutzen Sie die nachfolgend erklärte Archivierungsform, um einen schnellen Zugriff zu benötigten Unterlagen zu haben.

Sofern Sie über die technischen Möglichkeiten eines Computers, Scanners und Druckers verfügen, sollten Sie alle ärztlichen Befundunterlagen wie den Krankenhausentlassungsbericht, den Rehabilitationsbericht, Laborwerte, Anträge, Bescheide sowie alle wichtigen Unterlagen einscannen, da Sie diese ggf. immer wieder benötigen und so einfach ausdrucken können.

Hier empfiehlt es sich, auf dem Computer eine Ablagestruktur anzulegen, um einen schnellen Zugriff auf die gesuchte Unterlage zu haben. Der digitale Ordner könnte beispielsweise wie folgt aussehen:

Krankheit

- Befunde
  - 2018_Befunde
  - 2019_Befunde
    - 2019_02_26-Reha-Klinik (Jahr_Monat_Tag-Arzt-Klinik-etc.)
- Schwerbehinderung
  - 2019_SchwB-Antrag
    - Antrag und Unterlagen
    - Widerspruch
    - Bescheid und Ausweis
    - 2017_SchwB-Aenderungsantrag

- Rente
  - 2019_Antrag
  - 2019_Bescheid
  - 2023_Antrag_Verlaengerung
- Hilfsmittel
  - 2019_Antrag_Hilfsmittel-XY
  - 2019_Bewilligung_Hilfsmittel-XY

Im Laufe der verschiedenen Verfahren werden Sie immer wieder auf die Unterlagen in diesen Ordnern zurückgreifen und diese erneut ausdrucken müssen.

Ebenfalls sinnvoll und empfehlenswert ist das Einscannen (falls möglich) von:

- Allergieausweis(en)
- Diabetikerausweis/-pass
- Schwerbehindertenausweis (falls vor Eintritt der schweren Erkrankung/des Unfalls eine Schwerbehinderung vorlag und somit vorhanden ist, ansonsten sobald er vorliegt)
- Notfallpass (bei bestimmten Erkrankungen, falls vorhanden)
- Anästhesiepass (bei Betäubungsmittel-/Narkoseunverträglichkeit, falls vorhanden)
- Zuzahlungsbefreiung, sofern vorhanden

Alle Befunde, Gutachten oder Bescheide, die Sie in ggf. kommenden Antragsverfahren erhalten, sollten ebenfalls eingescannt werden, da diese unter Umständen wieder für andere Verfahren benötigt werden und häufig von Ihnen angefordert werden.

Beispiel:

Der Bescheid und Ausweis der Feststellung einer Schwerbehinderung wird sowohl vom Rentenversicherungsträger bei Beantragung einer Erwerbsminderungsrente als auch vom MDK, z. B. bei der Beantragung eines Pflegegrades, in Kopie abgefragt.

Sofern Sie nicht über Computer, Drucker und Scanner verfügen, empfiehlt sich das Anlegen von Aktenordnern je Thema. In einem Aktenordner werden alle Befundunterlagen (Arztbriefe, Entlassungsbriefe aus Krankenhaus und Rehabilitation, CT-, MRT-, PET-CT-Befunde und Ähnliches), in weiteren Aktenordnern die Unterlagen über die laufenden Antragsverfahren, getrennt nach Verfahren (ebenfalls in der o. g. Ablagestruktur), gesammelt.

Praxis-Tipp:

Je besser Ihre Ablage gepflegt ist – egal ob elektronisch oder in Papierform –, umso schneller finden Sie wichtige Unterlagen wieder.

Aufstellung persönlicher Daten

In den folgenden Monaten Ihrer Krebsbehandlung werden Ihnen von allen behandelnden ambulanten und stationären Ärzten oder Behörden/Ämtern immer wieder die gleichen Fragen gestellt werden.

Daher ist es sinnvoll, Aufstellungen der persönlichen Daten bzw. Listen über nachfolgende Themen anzulegen, die Sie regelmäßig aktualisieren sollten. Das vereinfacht die Arztgespräche und die Beantragung vieler Dinge erheblich und auch Ärzte sind dankbar, wenn Sie diese Listen pflegen und zu den Behandlungsterminen mitbringen (natürlich nicht zu jedem Termin, sondern zum ersten Termin, später nur noch bei Veränderungen).

Eventuell sind Sie zuerst einmal erschrocken darüber, wie viele Listen zu erstellen sind und wie viel Arbeit und Zeit das erfordert. Allerdings ist es eine Aufgabe, die sich lohnen wird, da sie sinnvoll und später sehr effektiv und zeitsparend ist. Mit diesen Aufstellungen verkürzen Sie unter anderem die Fragen der Ärzte. Diese gewonnene Zeit können Sie effektiv für Ihre Fragen gegenüber dem Arzt nutzen.

Tragen Sie alles einmal zusammen und speichern Sie es – wenn möglich – auf einem Computer, damit Sie nur noch die aktuelle Version der jeweiligen Aufstellung ausdrucken müssen. Vergessen

Sie nicht, regelmäßig eine Datensicherung auf einer externen Festplatte zu machen.

Verfügen Sie über keinen Computer, behalten Sie einen Satz der Listen für sich und kopieren diese für Ärzte/Gutachter oder entsprechende Anträge.

Achten Sie darauf, die Listen mit einem aktuellen Datum zu versehen, um die Aktualität auf einen Blick erkennen und abschätzen zu können, ob eine Überprüfung und ggf. eine Erneuerung erforderlich ist.

Medikamente

Erstellen Sie eine Übersicht über die Einnahme Ihrer Medikamente und deren Dosierung, die Sie regelmäßig einnehmen, aber auch die Medikamente, die nur bei Bedarf eingenommen werden. Es gibt wohl kaum ein Arztgespräch oder einen Antrag, bei dem diese Information nicht abgefragt wird.

Medikament (regelmäßig)	**Tägliche Einnahme/n (z. B. 2 – 0 – 0 – 2)**			
	morgens	**mittags**	**abends**	**nachts**
Medikament 1	*1*	*0*	*0*	*1*
Medikament 2	*1*	*0*	*0*	*1*
Medikament 3 (ggf. bei Bedarf zusätzlich x mg oder Tabletten)	*1*	*1*	*0*	*0*
usw.				

Medikament (bei Bedarf)
Medikament A *Medikament B* *usw.*

Wichtig: Geben Sie auch an, ob eine Allergie bzw. eine Medikamenten-/Betäubungsmittelunverträglichkeit besteht!

Allergien/Unverträglichkeiten

Ebenfalls werden Sie von allen behandelnden Ärzten in der ambulanten und stationären Betreuung immer wieder über bestehende Allergien und Unverträglichkeiten (z. B. Medikamenten-/Betäubungs-/Narkosemittel- oder Lebensmittelunverträglichkeiten) befragt.

Sofern diese bei Ihnen vorliegen, empfiehlt sich das Erstellen und Pflegen der nachfolgenden Liste:

Allergie/Unverträglichkeit gegen	seit	behandelnder Arzt
Medikament ABC	*2015*	*Dr. XY*

Vorerkrankungen

Im Laufe unseres Lebens kann es dazu kommen, dass man an mehreren Erkrankungen leidet. Auch diese werden in der Regel bei fast jedem Arztgespräch oder einem späteren Antrag abgefragt. Daher ist es auch sinnvoll, eine Liste für die Vorerkrankungen zu erstellen.

Erkrankung	diagnostiziert	behandelnder Arzt
Chronische Gastritis (Magenschleimhautentzündung)	*10/2014*	*Dr. Mustermann, Mustermannstraße 1 68400 Musterstadt*

Operationen, Unfälle, Untersuchungen

Zur Vervollständigung Ihrer Historie empfiehlt es sich, auch sämtliche Operationen, denen Sie sich unterziehen mussten, sowie erlittene Unfälle mit Datumsangaben aufzulisten. Sinnvoll ist darüber hinaus die Angabe spezieller Untersuchungen (z. B. Darm-/Blasen-Spiegelungen, Röntgenaufnahmen).

Operationen	**Datum**	**Krankenhaus**
Bruch des rechten Arms	*06/1988*	*Muster-Krankenhaus München*
Bänderriss linker Fuß	*10/1990*	*Muster-Krankenhaus München*
Spiegelungen	**Datum**	**Krankenhaus**
Dickdarmspiegelung	*12/1995*	*Muster-Krankenhaus München*
Blasenspiegelung	*12/1997*	*Muster-Krankenhaus Nürnberg*
Radiologische Untersuchungen	**Datum**	**Wo**
CT Abdomen (zwischen Brustkorb und Becken)	*04/2002*	*Muster-Krankenhaus München*
MRT Kopf	*07/2006*	*Muster-Krankenhaus Nürnberg*

Krankenhaus- und Rehabilitationsaufenthalte

Führen Sie eine Übersicht über Krankenhaus- und Rehabilitationsaufenthalte mit Datum, von wann bis wann und warum der Aufenthalt erfolgte.

Behandlung wegen	Aufenthalt (von – bis)	Krankhaus	Anschrift
Herzinfarkt	*28.03.2015 – 07.04.2015*	*Muster-Krankenhaus München*	*Musterstraße 10 80123 München*

2

Familien- und Erbkrankheiten

Sofern es in Ihrer Familie Erbkrankheiten gibt und Ihnen diese bekannt sind, sollten Sie diese ebenfalls in einer Übersicht zusammenstellen.

Verwandtschaftsverhältnis	**Krankheit/Vorerkrankung**
Vater	
Großvater (väterlicherseits):	*Prostatakrebs*
Großmutter (väterlicherseits):	*Herzinfarkt*
Mutter	
Großvater (mütterlicherseits):	*Gicht*
Großmutter (mütterlicherseits):	*Brustkrebs, Diabetes I*
Geschwister	
Bruder:	*Diabetes II*
Schwester:	
Eigene Kinder	
Sohn:	

Behandelnde Ärzte

In den nächsten Wochen und Monaten werden Sie von behandelnden Ärzten oder Behörden ggf. auch nach den mitbehandelnden Ärzten (bei ggf. vorliegenden weiteren Erkrankungen) und deren Praxisanschrift bzw. Telefonnummer gefragt.

Daher ist eine vorbereitete Liste Ihrer Ärzte mit vollständiger Anschrift und Telefonnummer unbedingt zu empfehlen:

Hausarzt

Name:	*Dr. med. Hans Mustermann*
Straße:	*Musterweg 1*
PLZ/Ort:	*12345 Musterstadt*
Telefon/Telefax:	*0123/45678*

Orthopäde

Name:	*Dr. Matthias Muster*
Straße:	*Musterstraße 123*
PLZ/Ort:	*98765 Musterheim*
Telefon/Telefax:	*09876/54321*

Häufig fällt einem Patienten im Arztgespräch ein Teil der Angaben nicht ein. Um die doch meist recht kurze Zeit der Arztgespräche sinnvoll nutzen zu können, empfiehlt es sich, auch hier die Aufstellung vorher zu erstellen und später weiter zu pflegen.

Kalender

Tragen Sie regelmäßig alle Arzt- bzw. Facharzttermine sowie ärztliche und therapeutische Behandlungen in einen Kalender ein. Diese Informationen werden nicht nur immer wieder von Ärzten abgefragt („Wann hatten Sie denn den Termin/die Behandlung?"), sondern Sie benötigen diese Angaben beispielsweise bei der Bestätigung anfallender Krankentransportfahrten/Taxifahrten sowie bei der Einkommensteuererklärung, im Rahmen derer die Fahrtkosten zu Terminen, die nicht von der Krankenkasse erstattet werden (z. B. Arzttermine außerhalb der Krebsbehandlung), als außergewöhnliche Belastung abgesetzt werden können.

Für die Steuererklärung empfiehlt es sich, eine separate Liste zu führen:

Datum	Arztname/ Fachrichtung	Ort	Anzahl der Kilometer (Hin- und Rückweg*)	x 0,30 EUR (Kilometer-pauschale)	Summe in EUR

* *„und Rückweg" bei Bedarf streichen*

Aufstellung über vorhandene Beschwerden und körperliche Einschränkungen

Sofern Ihre Erkrankung so weit fortgeschritten ist, dass Sie einen Pflegegrad beantragen möchten, ist nachfolgende Aufstellung sehr wichtig:

Erstellen Sie in Ruhe eine Aufstellung nach unten aufgeführtem Schema, in der Sie Ihre körperlichen und psychischen Beschwerden und Einschränkungen aufführen. Häufig werden wichtige Beschwerden in der Aufregung des Gesprächs nicht genannt.

Führen Sie daher sämtliche Beschwerden und Einschränkungen, die beispielsweise mit einer Krankheit einhergehen oder die auf bestimmte notwendige Medikamente zurückzuführen sind bzw. an denen Sie seit einem Unfall leiden usw. auf. Es muss Ihnen nichts peinlich sein. Es ist sogar wichtig, alle Beschwerden und die dadurch ggf. eingetretenen Einschränkungen zu benennen, z. B. Schmerzen beim Gehen, Atemnot/Kurzatmigkeit, Schlafstörungen, Schluckbeschwerden, Harninkontinenz, Stuhlinkontinenz, Sehstörungen, Gesichtsfeldeinschränkung usw.

Wichtig ist auch, Ihre behandelnden Ärzte hierüber zu informieren. Da Arztgespräche aber meist recht kurz sind, hat man hier ebenso wie bei einer Begutachtung durch Gutachter (z. B. für den Antrag auf Schwerbehinderung oder Erwerbsminderung) oder den MDK für einen Pflegegrad schnell wichtige Angaben vergessen. Wenn Sie diese schriftlich fixiert haben, vergessen Sie auch keine wichtigen Angaben.

Aufstellung über benötigte Hilfsmittel

Insbesondere schwer kranke oder ältere Menschen verfügen über eine ganze Reihe von Hilfsmitteln. Häufig werden auch diese bei einem ambulanten oder stationären Arztgespräch gerne abgefragt.

Erstellen Sie daher vor diesen Gesprächen in Ruhe eine Übersicht über benötigte und benutzte Hilfsmittel. Man neigt dazu, einige – unter Umständen wichtige – Hilfsmittel vor Aufregung nicht aufzuführen. Zu den Hilfsmitteln gehören unter anderem:

- Badewannenlift und/oder Badewannendrehsitz/Badewannensitz
- Blindenstock/Langstock
- Blutdruckmessgerät
- Blutzuckermessgerät
- Brille (Kurz-/Weitsicht)
- Dauerkatheter bzw. mehrfach täglich benötigte Einzelkatheter

- Duschhocker und/oder Duschsitz (an der Wand)
- elektrische Zahnbürste
- elektrischer Lattenrost
- Galgen über dem Bett
- Gehstock
- Gehstützen
- Greifhilfe
- Haltegriff in Dusche und/oder Badewanne
- Harn- und/oder Stuhl-Inkontinenzversorgung (Vorlagen/Windeln, Vorlagen, Stoma – künstlicher Darmausgang)
- Kontaktlinsen
- orthopädische oder besonders verschreibungspflichtige Schuhe (z. B. Vorfußschuh) oder Strümpfe, Schuheinlagen
- Pflegebett
- Rollator (Gehwagen)
- Rollstuhl
- TENS-Geräte (Elektrostimulationsgerät bei Schmerzen)
- Toilettensitzerhöhung (ggf. höhenverstellbar mit Griffen und Deckel)
- Toilettenstuhl
- Treppenlift

Wichtige Erledigungen vor der Krebsbehandlung

Dringende Erledigungen vor Beginn der Behandlung

Auch wenn Ihnen derzeit nicht danach ist, sich um Dinge des täglichen Lebens zu kümmern, erledigen Sie möglichst viel vor Beginn der Krebsbehandlung. Während der Krebsbehandlung werden Ihre Kräfte immer mehr schwinden und jede einzelne zusätzliche Aufgabe wird für Sie zur Belastung. Zudem werden sich Ihre Konzentration und meist auch die körperliche Kondition während der Krebsbehandlung vermutlich drastisch verschlechtern.

Überlegen Sie daher genau, was in den nächsten Wochen und Monaten eventuell noch dringend erledigt bzw. geklärt werden muss und erstellen Sie entsprechende Listen, damit Sie nichts vergessen. Wichtig ist bzw. könnte unter anderem sein:

- *Zahnarzt:*

  Bevor Sie eine Chemo- oder Strahlentherapie beginnen, sollten Sie unbedingt Ihre Zähne beim Zahnarzt überprüfen lassen und ggf. notwendige Behandlungen noch vor Beginn der Chemo- oder Strahlentherapie vollständig durchführen lassen. Auch wenn Sie derzeit andere Sorgen haben, so ist diese Untersuchung und ggf. Behandlung notwendig, da sich die Chemotherapie negativ auf Mund und Zähne auswirken kann. So können Sie ggf. auftretende Nebenwirkungen vorbeugen oder lindern. Vereinbaren Sie daher in jedem Fall einen Termin beim Zahnarzt! Die Zahnbehandlung sollte vor Beginn der Chemo- und Strahlentherapie möglichst abgeschlossen sein!

- *Medikamente:*

  Sofern Sie täglich Medikamente nehmen, sollten Sie für die Monate einen ausreichenden Vorrat davon Zuhause haben. Gehen Sie vor Beginn der Krebsbehandlung zum Arzt und lassen Sie sich eine ausreichende Menge täglich benötigter Medikamente verschreiben. Insbesondere ist dies wichtig, wenn Sie tägliche Medikamente nehmen, bei denen der Hersteller häufig Lieferprobleme hat, was durchaus vorkommen kann. Können Sie sich unter Umständen vor Erschöpfung aufgrund der Krebsbehandlung kaum auf den Beinen halten, ist es wenig erfreulich, dieses Medikament in diversen Apotheken erst abfragen und dann ggf. auch noch weit fahren zu müssen, um an das dringend benötigte Medikament zu kommen, sofern es überhaupt lieferbar ist.

- *Großeinkauf:*

  Überprüfen Sie Ihren Vorratsschrank und legen Sie ggf. vor Beginn der Therapie einen Vorrat an nicht verderblichen oder lang haltbaren Grundnahrungsmitteln an (z. B. Nudeln, Reis, Haferflocken, Grießbrei, Mehl, Zucker, Salz, Konserven, H-Milch, Saft, Getränke, Kosmetik-, Putzbedarf). Es ist nicht angenehm, wenn man geschwächt oder erschöpft jede Woche einen Großeinkauf tätigen muss. Sie werden, z. B. falls Sie alleinstehend sind, froh sein, wenn wichtige und schwere Dinge bereits ausreichend zuhause sind und nur noch frisches Obst/ Gemüse, Wurst und Kleinigkeiten eingekauft werden müssen.

- *Bargeld:*

  Haben Sie ausreichend Bargeld zur Verfügung?

- *Rechnungen:*

  Prüfen Sie, ob alle Rechnungen bezahlt sind bzw. wie zukünftige Rechnungen bezahlt werden und richten Sie ggf. Abbuchungs-/Daueraufträge ein. Achten Sie darauf, dass die Bezahlung von offenen Rechnungen gesichert ist. Behörden und z. B. die Deutsche Telekom nehmen keine Rücksicht darauf, warum eine Zahlung nicht oder verspätet eingeht. Bei nicht ausgeglichenen Rechnungen drohen meist nach kurzer Zeit hohe Folgekosten in Form von Mahn- oder gar Inkassogebühren!

- *Notwendiger Schriftverkehr:*

  Überprüfen Sie, ob noch wichtiger Schriftverkehr in Bezug auf die Krankenversicherung (z. B. Antrag auf Zuzahlungsbefreiung, Genehmigung von Krankentransport/Taxi) oder in Bezug auf andere Angelegenheiten (z. B. Abgabe der Einkommensteuererklärung) zu führen ist und erledigen Sie diesen möglichst vor Beginn der Therapie.

- *Einkommensteuer:*

  Eventuell haben Sie während der Krebsbehandlung nicht die Kraft, die notwendige Einkommensteuererklärung zu machen und eine Fristverlängerung ist noch möglich. Fragen Sie bei Ihrem zuständigen Finanzamt konkret nach und stellen Sie dort bei Bedarf einen schriftlichen Antrag auf Fristverlängerung für die Abgabe Ihrer Einkommensteuererklärung.

- *Bei Eigentum:*

  Sofern Sie zuständig sind, prüfen Sie, ob Termine für den Schornsteinfeger, die Heizungswartung, die Kontrolle des Feuerlöschers oder andere jährliche Kontrolltermine anstehen oder auch ob ausreichend Heizöl oder Holz/Briketts/Anfeuerholz etc. vorhanden sind. Sofern möglich, erledigen Sie diese Termine/Aufgaben einschließlich der Abrechnung vor Beginn der Behandlung.

- *Haustiere:*

  Wenn Haustiere vorhanden sind,

  - klären Sie ab, wer das/die Haustier(e) während Ihrer Abwesenheit im Krankenhaus/einer Anschlussheilbehandlung oder Rehabilitationsmaßnahme versorgt.
  - prüfen Sie, ob ausreichend Futter und Zubehör (z. B. Streu) vorhanden ist, und legen Sie einen ausreichenden Vorrat an.
  - prüfen Sie, ob in nächster Zeit noch ein Tierarzttermin ansteht, der ggf. vorgezogen werden kann (z. B. Impftermin) oder ob ggf. Medikamente oder Spezialfutter für Haustiere benötigt werden. Legen Sie hier ggf. einen entsprechenden Vorrat an.

Postvollmacht

Eventuell ist eine Postvollmacht für die Zeit eines Krankenhausaufenthaltes oder stationären Rehabilitationsaufenthaltes/Anschlussheilbehandlung sinnvoll, wenn niemand die tägliche Post/Pakete annehmen kann und diese bei der Post abgeholt werden müssen.

Es gibt fünf verschiedene Postvollmachten und zwar für

- Entgegennahme Einschreiben
- Entgegennahme Pakete
- Post
- Paketabholung
- Abholung Einschreiben/Päckchen

Entsprechende Muster erhalten Sie bei Ihrer Filiale der Deutschen Post oder im Internet.

Alternativ können Sie auch selbst eine Postvollmacht erstellen. Diese könnte beispielsweise wie folgt aussehen:

Muster: Postvollmacht

Hiermit bevollmächtige ich,

Klaus Mustermann,
wohnhaft: Musterweg 1, 12345 Musterstadt

Frau
Sabine Meyer
Musterstraße 12
98765 Musterbein,
geboren am 01.01.1965 in Bremen,
Personalausweis-Nummer: __________

meine Post, meine Einschreiben und Pakete entgegenzunehmen und/oder diese ggf. bei der zuständigen Poststelle abzuholen.

Sie erreichen mich bei Rückfragen telefonisch unter der Rufnummer:

____

ggf. über die Zentrale des Krankenhauses St. Marien/der Rehabilitationsklinik Musterklinik.

Praxis-Hinweis:

Im Muster ist auch die Entgegennahme von Einschreiben aufgeführt. Es ist jedoch nicht zwingend notwendig, eine Vollmacht über eventuell eingehende Einschreiben (unter Umständen eine Kündigung des Arbeitsverhältnisses) zu erteilen und auszustellen. Eventuell können Sie unter Umständen sogar durch die Nicht-Ausstellung einer Vollmacht für die Entgegennahme/Abholung eines Einschreibens etwas Zeit gewinnen, falls dieses erneut als Einwurf-Einschreiben zugestellt werden muss.

Vollmachten und Verfügungen

Viele Menschen verdrängen das Thema Krankheit und Tod. Dabei ist es sehr wichtig und sinnvoll, Vollmachten für persönliche Wünsche und Interessen auszustellen und die wesentlichen Dinge geregelt zu haben. Eventuell vorhandene persönliche Bedenken in Bezug auf das Ausstellen von Vollmachten können darin entsprechend eingearbeitet bzw. können Vollmachten entsprechend eingeschränkt werden. Durch die ordnungsgemäße Erstellung von

Verfügungen und Vollmachten können Sie verhindern, dass Dinge gegen Ihren ausdrücklichen Willen erfolgen, wenn Sie zu einem späteren Zeitpunkt nicht mehr in der Lage sind, Ihren Willen selbst zu äußern. Wichtig sind folgende Vollmachten und Verfügungen:

- Patientenverfügung
- Betreuungsverfügung bzw. Vorsorgevollmacht
- Vermögensvollmacht
- Trauerverfügung
- Testament

Praxis-Tipp:

Hilfreiche Informationen zu den Vollmachten und Verfügungen und ihre Erstellung geben Ihnen „Die Neue Vorsorge-Mappe mit CD-ROM" (ISBN 978-3-8029-1331-0) und „Meine Vorsorge in nur 30 Minuten" (ISBN 978-3-8029-3230-4).

Wichtige Tipps für Patientinnen mit Brustkrebs

Für die Strahlentherapie ist das Tragen eines Sport-BHs ohne Metall und Strass notwendig. Dieser muss bereits beim ersten „Anzeichnungs-CT" und bei allen Strahlenbehandlungen getragen werden. Der Wechsel zu einem anderen BH-Modell ist während der Strahlentherapie nicht möglich! Der BH, der beim Anzeichnungs-CT getragen wurde, muss zwingend bei allen Bestrahlungsterminen getragen werden. Ob Sie sich mehrere gleiche Modelle eines Sport-BHs zulegen oder jeweils denselben anziehen, bleibt Ihnen überlassen.

Achten Sie bei den Modellen möglichst darauf, dass **keine** Naht über die Brustwarze verläuft. Aufgrund der Strahlentherapie wird häufig die Brustwarze mit bestrahlt und ist besonders empfindlich. Eine durch die Naht verursachte Reibung kann schmerzhaft sein. Alternativ können BHs – außerhalb der Bestrahlungszeit – mit Seidenjersey-Läppchen ausgelegt werden, um eine Reibung zu verhindern.

Praktische Tipps für die Krebsbehandlung

3

Praktische Tipps für die onkologische Strahlen- und Chemotherapie

Die schweren Auswirkungen einer onkologischen Chemotherapie sind sicherlich der Mehrzahl aller Patienten – zumindest teilweise – bereits vorher bekannt. Weniger bekannt hingegen sind die Auswirkungen einer Strahlentherapie. Diese ist nicht nur körperlich sehr anstrengend, sondern häufig treten hier auch Nebenwirkungen auf, mit denen der Patient meist nicht gerechnet hat. Eine verbreitete Nebenwirkung einer Strahlentherapie ist eine erhöhte Müdigkeit und starke Erschöpfung. Gönnen Sie sich nachts ausreichend Schlaf und bei Bedarf einen Mittagsschlaf. Ihr Körper braucht während der Behandlung mehr Ruhe und Schlaf.

Sowohl bei der Chemo- als auch bei der Strahlentherapie gibt es einiges zu beachten. Dies möchte ich Ihnen in den nachfolgenden Kapiteln näherbringen.

Zahnpflege

Wichtiges zum allgemeinen Zähneputzen

Besonders wichtig ist die Zahnpflege während der Chemotherapie! Achten Sie – auch unabhängig von der Chemotherapie – grundsätzlich darauf, sich nicht direkt nach einer Mahlzeit die Zähne zu putzen, auch wenn viele Menschen das als Kind noch so gelernt haben. Erst ca. 30 Minuten nach einer Mahlzeit hat sich der pH-Wert im Mund neutralisiert, so dass Sie sich die Zähne putzen können, ohne den Zahnschmelz, das Zahnbein und die Wurzel zu schädigen. Säuren können Mineralien und Phosphat aus dem Zahnschmelz lösen.

Erbrechen

Zwar gibt es heute gute Medikamente gegen Übelkeit und Erbrechen, aber sollte es trotzdem einmal dazu kommen, dass Sie sich übergeben müssen, spülen Sie den Mund anschließend nur gründlich mit Wasser oder mildem Mundwasser aus, damit die Magensäure die Zähne und die Mundschleimhaut nicht angreifen kann. Putzen Sie sich NICHT die Zähne!

Mundschleimhautentzündung

Bei Problemen mit der Mundschleimhaut gibt es Salben, Sprays und Medikamente. Sprechen Sie Ihren behandelnden Arzt umgehend darauf an.

Trinkverhalten, insbesondere während der onkologischen Chemotherapie

Trinken Sie während der Chemotherapie viel. Nehmen Sie ruhig 1,5 bis 2 Liter Flüssigkeit mit zur Chemotherapie. Wenn Sie mögen, können Sie direkt nach der Chemotherapie eine stärkende Kraft- oder Hühnerbrühe trinken.

Bei einer Entzündung der Mundschleimhaut kann man zur Linderung der Beschwerden gefrorenes Obst (Himbeeren, Blaubeeren, Erdbeeren, Waldfrüchte etc.) oder eingefrorenen Fruchtsaft (z. B. Ananassaft) lutschen.

Ernährung

Die typischen Beschwerden im Verlauf einer Krebserkrankung können Appetitlosigkeit, ein frühes Sättigungsgefühl oder Völlegefühl, Übelkeit mit und ohne Erbrechen, Entzündungen der Mundschleimhaut, Sodbrennen, Entzündungen im Mund- und Rachenraum (Mundsoor) sowie das Müdigkeitssyndrom (Fatigue) sein.

Dies kann zu einer Mangelernährung führen. Mögliche Folgen einer (tumorbedingten) Mangelernährung können eine erhöhte Infektanfälligkeit, Wundheilungsstörung, Schmerzen, körperliche Schwäche/Erschöpfung in Verbindung mit dem Müdigkeitssyndrom (Fatigue-Syndrom), eine Verschlechterung der Herzleistung und eine erhöhte Sturzgefahr sein.

Daher ist es wichtig, sich nicht nur ausgewogen zu ernähren, sondern auch ausreichend zu essen, selbst dann, wenn man aufgrund von typischen Nebenwirkungen der Chemotherapie keinen Hunger verspürt. Setzen Sie sich nicht unter Druck und essen Sie, wenn und worauf Sie Appetit haben.

Eine ausgewogene Ernährung kann Mangelernährung verhindern, ärztlich verordnetee Medikamente können Beschwerden wie Sodbrennen lindern und so das allgemeine Wohlbefinden steigern sowie die Lebensqualität verbessern.

Wenn Sie unter Appetitlosigkeit, einem frühen Sättigungsgefühl oder Völlegefühl leiden, sollten Sie folgende Dinge beachten:

Essen Sie immer dann, wenn Sie Appetit verspüren, unabhängig davon, welche Tageszeit es ist. Nehmen Sie häufig kleinere Mahlzeiten zu sich, ggf. auch nachts. Während einer Krebsbehandlung ist es sinnvoll, mehrmals kleine Portionen über den Tag verteilt langsam und gut gekaut zu sich zu nehmen.

Insbesondere Patienten, die unter massivem Gewichtsverlust während der Krebsbehandlung leiden, sollten essen, worauf sie Appetit haben und vorübergehend dabei nicht auf übliche Essgewohnheiten achten. Wenn möglich, vermeiden Sie dabei süße, fette oder blähende Speisen.

Achten Sie darauf, dass die Wohnräume gut gelüftet werden, damit Essensgerüche dem Appetit keinen Dämpfer bereiten, wie beispielsweise der Duft von Kohl.

Bereiten Sie die Mahlzeiten für das Auge besonders ansprechend an oder kochen Sie in Gesellschaft bzw. lassen sich bekochen. Verwenden Sie beim Kochen appetitanregende Kräuter wie Artischockenblätter bzw. -extrakt, Ingwerwurzelstock, Pfefferminzblätter, Schafgarbe und Wermutkraut. Auch Entspannungsübungen sowie Homöopathie durch Heilpraktiker können ggf. den Appetit anregen.

In besonders schweren Fällen, die mit starkem Gewichtsverlust einhergehen, kann eine medikamentöse Therapie notwendig sein.

Trinken Sie bei anhaltendem Erbrechen viel, um die durch den Flüssigkeitsverlust verlorenen Elektrolyte wie Natrium, Kalium, Kalzium etc. wieder aufzunehmen. Erfolgt unter Umständen eine schnelle Gewichtsabnahme, kann mit einer speziellen Trinknahrung der notwendige Energiebedarf gedeckt werden. Gegen Übelkeit hilft Pfefferminztee gut (besonders aus frischen Pfefferminzblättern).

Auch ein verändertes Geschmacksempfinden wie z. B. metallischer, seifiger, unangenehm süßer oder saurer Geschmack sind möglich.

Wer während einer Chemotherapie bestimmte Lebensmittel entweder besonders gerne oder nur mit Widerwillen zu sich nimmt, kann diese Nahrungsmittel häufig nach Abschluss der Therapie nicht mehr zu sich nehmen, da er mit diesen Nahrungsmitteln automatisch die Krebstherapie verbindet.

Verzichten Sie vorübergehend auf Zitrusfrüchte, Orangensaft und Zwiebeln. Trinken Sie Obstsäfte verdünnt und vermischen Sie Obst mit Joghurt oder Quark. Vermeiden Sie heiße Speisen. Achten Sie auf eine regelmäßige Mundpflege und benutzen Sie hierzu eine weiche Zahnbürste, um Verletzungen zu vermeiden. Mundspülungen mit Salbeitee oder mit einem „milden" Mundwasser aus der Apotheke wirken entzündungshemmend. Bei einer stark entzündeten Mundschleimhaut sprechen Sie Ihren behandelnden Arzt darauf an.

Perücke/Tücher/Mützen

Die Chemotherapie tötet gezielt Krebszellen ab. Eine besonders schlimme Nebenwirkung besteht in vielen Fällen für die Betroffenen darin, dass die Haare ca. 15 Tage nach der ersten Chemotherapie ausfallen.

Daher lassen sich viele Frauen bereits im Vorfeld lange Haare abschneiden und entscheiden sich für einen Kurzhaarschnitt. Gerade Frauen leiden durch den von der Chemotherapie ausgelösten Verlust der Kopfhaare, Wimpern und Körperhaare besonders, da hierdurch das Aussehen erheblich verändert wird.

Immer wieder liest man über eine Kühlhaube, die das Ausfallen von Haaren während einer Chemotherapie verhindern soll. Bisher gibt es aber – nach meinen Kenntnissen – keine evidenzbasierte(n) Studie(n), die das auch tatsächlich belegt. Es gibt Patienten, bei denen unter Umständen – auch ohne Kühlhaube – das Ausfallen der Haare ausbleibt, nämlich wenn diese sehr dicke und feste Haare haben. Es gibt Fälle, in denen die Haare unter einer Kühlhaube nicht ausfallen, und es gibt andere, in denen sie trotz Kühlhaube ausfallen.

Sollten Sie dennoch die Benutzung einer Kühlhaube in Erwägung ziehen, lassen Sie sich von einem unabhängigen Arzt beraten und lassen Sie sich eventuell vorhandene evidenzbasierte (Doppel-Blind-)Studien-Ergebnisse zeigen. Bedenken Sie bei der Entscheidung für oder gegen den sehr teuren Einsatz einer Kühlhaube, dass die Haare etwa 4 bis 6 Wochen nach der Beendigung der Chemotherapie, also wenn das Medikament ausgeschieden wurde, wieder anfangen zu wachsen.

Während bei Menschen, die keine Chemotherapie hatten und deren Haare nicht ausgefallen sind, die einzelnen Haare in der Regel unterschiedlich lang sind (es brechen Haare ab, einige fallen aus), wachsen sämtliche Haare nach einer Chemotherapie zeitgleich ca. 1 cm pro Monat, so dass sie nach einiger Zeit wunderschön füllig nachwachsen.

Es kann vorkommen, dass die ersten Haare noch recht dünn, wellig oder heller sind. Dann haben sich die Haarwurzeln noch nicht von der Chemotherapie regeneriert. In den nächsten 3 bis 4 Monaten aber werden die Haare wieder wie vor der Chemotherapie normal wachsen und auch ihre ursprüngliche Farbe wieder erhalten.

Praxis-Tipp:
Haben die Haare wieder eine Länge von 1 bis 2 cm erreicht, lassen Sie sich die Haarspitzen beim Friseur schneiden.

Auch wenn der Haarausfall für den betroffenen Patienten und seine Familienangehörigen sehr belastend ist, so ist das Positive daran, dass die Haare alle wieder wachsen. Sie werden lernen, mit der Veränderung zu leben.

Es kann vorkommen, dass sich durch den Verlust der Haare eventuell auch Beziehungen zu Ihren Mitmenschen verändern, wenn die Krankheit sichtbar wird. Insbesondere in solch schweren Lebenssituationen erfährt man als Patient, wer im Bekanntenkreis ein wirklicher Freund bzw. eine wirkliche Freundin ist.

Lindern kann diese Phase der ausgefallenen Haare das Tragen von einer hübschen Perücke oder schönen Tüchern/Mützen. Eine Perücke schützt vor den Blicken anderer Mitmenschen.

Aus therapeutischen Gründen kann der behandelnde Arzt für Frauen ein Rezept für eine Perücke ausstellen, wenn diese aufgrund einer schwerwiegenden Erkrankung, wie z. B. Krebs, benötigt wird.

Bei Männern muss eine schwerwiegende Begründung vorliegen (z. B. Narbenbildung), damit eine gesetzliche Krankenkasse eine Perücke bezahlt oder bezuschusst.

Allerdings übernehmen die gesetzlichen Krankenkassen meist nur einen Festbetrag, der für eine schöne (Echthaar-)Perücke in der Regel nicht ausreicht.

Wenn Sie sich für eine Perücke entscheiden, wägen Sie den Kauf einer hochwertigen Perücke mit Echthaar ab, auch wenn diese deutlich teurer ist als eine Perücke mit Kunsthaar und die gesetzliche Krankenkasse in der Regel nur für eine Kunsthaar-Perücke (ggf. anteilig) bezahlt.

Praxis-Tipp:

Fragen Sie unbedingt vor dem Kauf bei Ihrer privaten oder gesetzlichen Krankenkasse nach, ob und ggf. in welcher Höhe diese die Kosten für eine Perücke übernimmt, und lassen Sie sich beraten. Eventuell kann der Festbetrag für eine Perücke auch für Tücher übernommen werden, sofern Sie keine Perücke möchten.

Lassen Sie sich vor dem Kauf ausführlich beraten! Danach können Sie sich immer noch entscheiden, ob Sie lieber eine Perücke mit Echthaar, mit Kunsthaar oder lieber Tücher bzw. Mützen tragen möchten.

Im Sommer empfiehlt sich das Tragen von Kopftüchern, Kappen, Turbanen oder dünnen Mützen. Im Winter können Mützen angenehm wärmen. Hüte und Kappen kann man zu jeder Tageszeit tragen. Bedenken Sie beim Kauf einer Kunsthaar-Perücke, dass es im Sommer darunter auch unangenehm warm werden kann.

Eventuell ist – je nach Jahreszeit – eine Kombination von einer Kunsthaar-Perücke, Tüchern und/oder Mützen das Richtige für Sie.

Gönnen Sie sich auch den Besuch einer Farbberatung. Dort lernen Sie, welche Farben Ihnen am besten stehen, welche Sie besonders gut oder besonders blass aussehen lassen. Wenden Sie dieses Wissen beim Kauf von Kopftüchern, Kappen, Turbanen oder Mützen an.

Praxis-Tipp:
Eine Perücke sollten Sie ausschließlich in einem guten Fachgeschäft in Ihrer Nähe kaufen, wo Sie sich vorher ausführlich und gut beraten lassen können.

Nachfolgend finden Sie einige Linkvorschläge für den Kauf von Tüchern, Mützen etc.:

- www.etsy.com/de/c/accessories
- www.gutbehuetet.info
- www.amazon.de

Sehr schöne und praktische Tipps, wie Sie Kopftücher binden bzw. tragen können, finden Sie unter www.youtube.de und dort z. B. unter: „Gut betucht durch die Chemozeit".

Schminken

Es gibt besondere Schminkkurse für Krebspatientinnen, in denen Frauen lernen, sich trotz des Fehlens von Augenbrauen und Wimpern so zu schminken, dass man dies nur bei extrem genauem Hinschauen sieht. Patientinnen sollten sich diesen Schminkkurs gönnen. Hier lernen Sie unter anderem, mit Augenbrauenstiften und Kajalstiften umzugehen und so von den fehlenden Augenbrauen und Wimpern abzulenken.

Bei einigen Chemo-Patienten hat die tägliche Benutzung von Wimpernserum (z. B. Wimpernprof von Ikos) geholfen, ausgefallene Wimpern schneller nachwachsen zu lassen.

Auch hierzu finden Sie im Internet unter www.youtube.de eine gute Anleitung, wenn Sie z. B. „Wimpern ankleben, Augenbrauen nachmalen und Tuch wickeln bei Chemotherapie" eingeben.

Erkenntnisse aus der Farbberatung können in den Schminkkurs einfließen, z. B. welche Stoff- und Schminkfarben besonders geeignet sind, um ein gesundes Aussehen zu erzielen und ein krankes, blasses Aussehen zu vermeiden.

Hautpflege/Hautprobleme

Narbengel

Damit Operationswunden schnell heilen und möglichst wenig Narben hinterlassen, hilft Narbengel mit Massageroller nicht nur bei sichtbaren, sondern auch bei bewegungsstörenden Narben erheblich. Beachten Sie bei der Benutzung von Narbengel die Gebrauchsanweisung! Fragen Sie Ihren behandelnden Arzt, ob und ab welchem Zeitpunkt Sie Narbengel bedenkenlos verwenden können.

Hautpflege unter Chemo- und Strahlentherapie

Besonders wichtig ist die Hautpflege, da sich die Haut während der Chemo-/Strahlentherapie verändert. Benutzen Sie keine Pflegeprodukte mit Alkohol oder Duftstoffen und vermeiden Sie Selbstbräuner, Peelings und Pflegeöle.

Der bestrahlte Bereich darf *nicht* mit Seife oder Duschgel behandelt werden. Je nach Bestrahlungsort lässt sich nicht immer verhindern, dass etwas Seife über den Bestrahlungsbereich fließt, auch wenn das möglichst vermieden werden sollte. Daher habe ich für den Zeitraum der Strahlentherapie für Babys geeignetes Sensitiv-Waschgel benutzt.

Da ausgiebiges Baden die Haut austrocknet, sollten Sie während der Krebsbehandlung besser duschen und auf Vollbäder verzichten. Achten Sie aber darauf, dass das Duschwasser nicht zu heiß ist, denn heißes Wasser führt zu starkem Juckreiz.

Vermeiden Sie ebenfalls die Benutzung von Sprays und Deodorants sowie Pflastern im Bestrahlungsfeld.

Wichtig: Benutzen Sie während der Strahlentherapie in KEINEM Fall fettende Cremes und Körperlotionen, da diese zu schweren Verbrennungen führen können. Fragen Sie den behandelnden Radiologen oder Ihren Hautarzt, welche Pflege er empfiehlt!

Hautprobleme während der Strahlentherapie

Gelegentlich kann es während der Strahlentherapie zu Hautproblemen kommen. In der Regel erhalten Sie dann vom behandelnden Arzt in der Strahlentherapie ein Rezept für eine Salbe. Sollte das vom Radiologen rezeptierte Mittel nicht helfen oder nicht ausreichen, was durchaus möglich ist, empfehle ich dringend den Besuch beim Dermatologen (Hautarzt).

Der Hautarzt hat Erfahrung mit Hautproblemen während der Chemo-/Strahlentherapie und wird Ihnen nicht nur die notwendigen Medikamente (ggf. vom Apotheker angerührte spezielle Cremes, Sitzbäder etc.) verschreiben, sondern Sie auch entsprechend beraten.

Praxis-Tipp:

Sagen Sie bei der Vereinbarung eines Termins mit dem Hautarzt direkt, dass Sie in einer Strahlentherapie sind. Mit etwas Glück bekommen Sie dann kurzfristig einen Termin.

Benutzen Sie während der Strahlentherapie keine zinkhaltigen Salben, da diese die Wirkung der Strahlentherapie reduzieren. Verwenden Sie zinkhaltige Salben im Bestrahlungsbereich nur dann, wenn diese Ihnen von einem behandelnden Arzt oder Hautarzt ausdrücklich verordnet wurden.

Sofern Sie aber auch nach einer Strahlentherapie mit starken Nebenwirkungen, wie z. B. Ekzemen, zu kämpfen haben, suchen Sie erneut Ihren Hautarzt auf, der Ihnen nun nach Abschluss der Strahlentherapie eine speziell angerührte Salbenkombination mit Zink oder andere zinkhaltige Salben oder Sitzbäder verordnen kann.

Achtung: Während der Chemo- und Strahlentherapie sollten Sie direkte Sonnenbestrahlung vermeiden und sich möglichst nur im

Schatten aufhalten. Achten Sie auf einen entsprechenden UV-Lichtschutz (+50). Auch in den ersten Monaten nach der Strahlentherapie sollte direkte Sonnenbestrahlung vermieden werden. Dies gilt auch für Höhensonnen, Rotlicht und Ähnliches.

Achtung: Schwimmen ist während der Strahlentherapie und in den ersten Wochen nach einer Strahlentherapie nicht erlaubt.

Empfindungsstörungen der Hände und Füße (Polyneuropathie)

Bedingt durch die Chemotherapie kann es zu Empfindungsstörungen der Hände und Füße kommen.

Hilfreich kann hier das Kneten eines Körnerkissens sein. Alternativ können Sie auch einen kleinen Kissenbezug (z. B. 30 cm x 30 cm) nehmen und mit Linsen, Reis oder Ähnlichem befüllen, um diesen anschließend zu kneten.

Wenn das alles nicht hilft, sprechen Sie Ihren behandelnden Arzt auf die Empfindungsstörungen an.

Erschöpfung, chronisches Müdigkeitssyndrom oder Fatigue-Syndrom

Eine häufige, weitere – meist völlig unterschätzte – Nebenwirkung kann die Erschöpfung – sog. Fatigue-Syndrom oder auch chronisches Müdigkeitssyndrom (bei Krebs) – sein, das auch über die Zeit nach der Krebsbehandlung hinaus noch bestehen kann. Häufige Symptome sind (sehr starke) Müdigkeit, seelische und körperliche Erschöpfung, Schwäche, Lustlosigkeit, Verlust der körperlichen Belastbarkeit, Schlafstörungen, Motivationsverlust, Konzentrationsstörungen, Traurigkeit, Reizbarkeit, Entfremdung von Familienangehörigen und Freunden.

Dafür kann es verschiedene Gründe geben. Ursachen des Syndroms können die Tumorerkrankung selbst oder aber die Krebsbehandlung (Operation, Chemotherapie oder Strahlentherapie) sein. Auch ein Hormonmangel (z. B. der Schilddrüse, Nebennieren oder Geschlechtshormone) oder zusätzliche Begleiterkrankungen/Organschäden, aber auch psychische Veränderungen (wie z. B. Depression, Stress, Angst) kommen ebenso als Ursache in Betracht wie Schlafstörungen, Mangelerscheinungen, chronische

Infekte und Muskelabbau aufgrund eines Mangels an körperlichem Training.

Alleine die Krebsbehandlung selbst verursacht aber je nach Intensität bei fast allen betroffenen Patienten eine starke Erschöpfung. Gönnen Sie sich daher ausreichend nächtlichen Schlaf und zusätzliche Ruhezeiten am Tage, beispielsweise mit einem zusätzlichen Mittagsschlaf. Planen Sie diese Ruhephasen in den Alltag mit ein und achten Sie darauf, dass Sie in dieser Zeit auch wirklich Ruhe haben (z. B. stellen Sie das Telefon aus, informieren Sie Familienangehörige über die Zeiträume, in denen Sie nicht gestört werden möchten).

Insbesondere bei einer ausgeprägten Form der Erschöpfung oder depressiven Verstimmungen sollten Sie sich nicht scheuen, ärztliche Hilfe und Rat in Anspruch zu nehmen. Eventuell kann die Ursache schon bei einer Blutuntersuchung gefunden und kurzfristig verbessert oder gar behoben werden.

Praxis-Tipp:

Gestalten Sie die Aufgaben bzw. das Arbeitspensum Ihres Tagesablaufs so, dass Sie es auch bewältigen können. Binden Sie Familienangehörige und ggf. Freunde mit in Ihre Aufgaben ein. Schildern Sie Ihren Familienangehörigen und Freunden sowie Ihrem behandelnden Arzt die Schwierigkeiten, damit diese mehr Verständnis für Sie aufbringen können.

Erledigen Sie während der Krebstherapie wirklich nur Dinge, die während dieser Zeit zwingend von Ihnen erledigt werden müssen, und verschieben Sie weniger wichtige Dinge auf den Zeitraum, wenn es Ihnen wieder besser geht.

Der Zustand der Erschöpfung und Müdigkeit kann auch noch Wochen und Monate nach einer Krebsbehandlung anhalten. Meist wird es aber nach einigen Wochen wieder besser.

Wichtige Tipps für Patientinnen mit Brustkrebs

Viele, aber nicht alle Patientinnen vertragen die Strahlentherapie der Brust relativ problemlos. Wer aber bereits vor der Krebserkrankung andere Vorerkrankungen und ggf. ein geschwächtes Immunsystem hat, sollte mit Nebenwirkungen rechnen.

Insbesondere die Brustwarze kann aufgrund der Strahlentherapie besonders berührungsempfindlich oder gar schmerzhaft reagieren.

In diesen Fällen können Sie sich ungefärbten Seidenjersey-Stoff als Meterware kaufen und diesen doppelt gelegt zu kleinen Läppchen nähen. Achten Sie darauf, dass es sich auch wirklich um weichen Seidenjersey-Stoff und nicht um Wildseide handelt. Diese Läppchen legen Sie in den BH vor die Brustwarze.

Sinnvoll kann es sein, diese Läppchen in etwa der Größe der Brust anzupassen. Sollte es zu offenen Wunden/Ekzemen an der Brust kommen, können die vom Hautarzt verordneten Cremes oder Salben auch tagsüber aufgetragen werden, ohne dass der BH Flecken bekommt.

Verwöhnen Sie sich selbst!

Verwöhnen Sie sich selbst! Gönnen Sie sich etwas Besonderes, tun Sie Dinge, die Sie immer tun wollten!

Ich weiß aus eigener Erfahrung, dass das gar nicht so einfach ist, insbesondere wenn man Rücksicht auf die Familie, den Partner und/oder Kinder nehmen möchte oder gar muss. Trotzdem sollten Sie sich – zumindest im Rahmen Ihrer (finanziellen) Möglichkeiten – verwöhnen und sich etwas Besonderes gönnen.

Erlernen Sie Entspannungstechniken wie Progressive Muskelrelaxation nach Jakobson (PMR). Die Technik ist recht einfach zu erlernen. Bei der Progressiven Muskelrelaxation werden Muskeln systematisch angespannt und entspannt. Eine weitere Alternative ist das Autogene Training, bei der die ganzheitliche Entspannung im Vordergrund steht.

Beide Techniken können einfach über Anleitungs-CDs oder in Kursen erlernt werden.

Auch der Besuch eines Yoga-Kurses ist zu überlegen. Es gibt meditative oder sportliche Formen des Yoga, die je nach Anbieter unterschiedlich sein können. Qigong und Tai-Chi sollen dazu verhelfen, ruhiger und ausgeglichener zu sein.

Gönnen Sie sich mit Ihrem Partner oder einer Freundin zwischen der Chemo- und Strahlentherapie oder an einem verlängerten Wochenende einen Kurzurlaub und lassen Sie die Seele baumeln.

Lernen Sie eine neue Fremdsprache, Malen oder ein Musikinstrument. Überlegen Sie, was Sie schon immer machen wollten, und setzen Sie Ihre Wünsche in die Realität um.

Sport

Bewegung und Sport sind nicht nur während, sondern auch nach der Krebstherapie wichtig. Klinische Studien haben gezeigt, dass körperliche Aktivität die Nebenwirkungen der Krebstherapie und auch der antihormonellen Therapie reduzieren und die Leistungsfähigkeit gesteigert wird. Weiterhin soll regelmäßiger Sport die Gefahr eines Rückfalls des Krebses reduzieren und die Wahrscheinlichkeit einer dauerhaften Heilung erhöhen.

Laut der Deutschen Krebsgesellschaft e. V. ist dies insbesondere für Brust-, Darm- und Prostatakrebs erforscht. Ein positiver Effekt wurde aber auch bei Leukämie und anderen Krebserkrankungen festgestellt.

Sport trägt außerdem zum allgemeinen Wohlfühlen bei und steigert Ihre Kondition.

Selbsthilfegruppen/Hilfe für die Psyche

Für manche Erkrankten ist der Austausch in einer Krebs-Selbsthilfegruppe hilfreich. Dort können Sie sich nicht nur mit anderen Betroffenen austauschen, sondern bekommen weitere praktische Tipps im Umgang mit der Erkrankung sowie deren Aus- und Nebenwirkungen. Krebs-Selbsthilfegruppen finden Sie im Internet oder fragen Sie Ihren behandelnden Arzt nach einer speziellen Selbsthilfegruppe (z. B. Darmkrebs-Selbsthilfegruppen in Bochum). Weiterhin gibt es für viele Krebserkrankungen Selbsthilfe-Foren im Internet, wo Sie ebenfalls praktische Tipps bekommen.

Bei Bedarf hilft Ihnen auch ein Psychoonkologe während der Krebstherapie und begleitet Sie in der nachfolgenden Genesungsphase. Sowohl die Diagnose Krebs als auch die Therapie dieser Erkrankung bringen in der Regel das gesamte Leben völlig durcheinander. Es entstehen Existenzängste und Ängste vor dem Lebensende, die nicht immer begründet sind, aber mit denen viele lernen müssen umzugehen. Auch Familienangehörige und Freunde können nicht immer mit der Erkrankung eines nahestehenden Menschen umgehen, was eine zusätzliche Belastung für den Patienten mit sich bringt.

Alternative Krebstherapie?

Manche Patienten erwägen aufgrund der Nebenwirkungen einer Chemotherapie eine alternative Krebstherapie statt einer ärztlich für erforderlich gehaltenen Chemotherapie. Erwägt man, von den schulmedizinisch anerkannten Krebsbehandlungsmethoden abzuweichen, sollte größte Vorsicht geboten sein und es empfiehlt sich, hierzu seriöse Informationen bei dem Institut zur wissenschaftlichen Evaluation naturheilkundlicher Verfahren der Universität zu Köln einzuholen:

Institut zur wissenschaftlichen Evaluation naturheilkundlicher
Verfahren der Universität zu Köln
Medizinische Fakultät
Joseph-Stelzmann-Straße 9, Gebäude 35a
50931 Köln-Lindenthal
Telefon (Sekretariat): 0221/478-64 14
Telefax: 0221/478-70 17
E-Mail: info@iwenv.de
Internet: www.iwenv.de

Wichtig: Eine alternative Krebstherapie, beispielsweise unter anderem durch Handauflegen, Heilmusik, Strombehandlung mit Hilfe von Elektroden, Ernährungsumstellungen mit Vitaminen und MMS (Miracle Mineral Supplement) und Ähnliches kann nicht nur wirkungslos sein, sondern sogar gefährliche Folgen für Ihre Gesundheit haben.

Rehabilitation/Anschlussheilbehandlung

Überblick

Nach der anstrengenden Krebsbehandlung kann der an Krebs erkrankte Patient sein physisches und psychisches Befinden mit einer Anschlussheilbehandlung oder Rehabilitation bessern oder stabilisieren.

Eine Anschlussheilbehandlung muss direkt im Anschluss an eine Operation oder Krebsbehandlung innerhalb von 14 Tagen angetreten werden; bei einer Strahlenbehandlung ist eine Frist von 4 Wochen zulässig. Bei Strahlenbehandlungen im Kopf-Hals-Bereich kann eine Anschlussheilbehandlung sogar bis zu 10 Wochen nach Abschluss der Behandlung angetreten werden.

Eine krebsbedingte Rehabilitationsmaßnahme kann dagegen auch zu einem späteren Zeitpunkt (bis zu 1 Jahr) angetreten werden. Bei erheblichen Funktionsstörungen durch den Tumor kann darüber hinaus noch eine weitere Rehabilitationsmaßnahme bis zum Ablauf von 2 Jahren nach Beendigung der Primärbehandlung gewährt werden. Generell können Rehabilitationsmaßnahmen alle 4 Jahre beantragt werden.

Eine Rehabilitationsmaßnahme wird grundsätzlich für 3 Wochen bewilligt und kann im Einzelfall verkürzt oder verlängert werden, um das Rehabilitationsziel zu erreichen.

Nutzen Sie diese Möglichkeit, um wieder zu Kräften zu kommen.

Achtung: Wer allerdings bereits eine volle oder halbe Erwerbsminderungsrente wegen einer anderen schweren Erkrankung bezieht, sollte sich darüber im Klaren sein, dass bei jeder besuchten Rehabilitationsmaßnahme erneut die Arbeitsfähigkeit bzw. Arbeitsunfähigkeit von einem Rehabilitationsarzt festgestellt wird. Es besteht durchaus die Möglichkeit, dass der Arzt in der Rehabilitationsklinik nach Abschluss der Maßnahme eine Arbeitsfähigkeit bescheinigt und das ganze Rentenverfahren nun wieder erneut aufgerollt werden muss. Eine Alternative in diesen Fällen könnte eine Verordnung von Reha-Sport sein. Besprechen Sie in diesem Fall die Sachlage mit Ihrem behandelnden Arzt.

Stationär oder ambulant?

Stationäre Rehabilitationsmaßnahme

Bei einer stationären Rehabilitationsmaßnahme wohnt der Patient während der gesamten Maßnahme in einer spezialisierten Rehabilitationseinrichtung, wo diagnostische und therapeutische Angebote mit ganzheitlichem Ansatz gezielt vorhandene Funktionseinschränkungen beseitigen oder mindern sollen.

Ambulante Rehabilitationsmaßnahme

Bei einer ambulanten Rehabilitationsmaßnahme kommt der Patient in der Regel täglich montags bis freitags in eine Rehabilitationseinrichtung, die in der Nähe oder am Heimatort ist. Nachts und am Wochenende ist er jedoch zuhause. Die Behandlungsmaßnahmen sind aber identisch zu denen einer stationären Rehabilitationsmaßnahme. Die Fahrtzeit zu einer ambulanten Rehabilitationseinrichtung soll mit öffentlichen Verkehrsmitteln ca. 45 Minuten je Fahrt nicht überschreiten.

Praxis-Tipp:

Zu berücksichtigen ist bei einer ambulanten Rehabilitationsmaßnahme, dass eine Essensversorgung nur während der Zeit in der Rehabilitationsklinik erfolgt und Frühstück sowie Abendessen zuhause eingenommen werden.

Dies kann zur Folge haben, dass die hauswirtschaftlichen Aufgaben wie Einkaufen, Kochen, Waschen, Bügeln sowie die tägliche An- und Abreisezeit den Patienten während der Rehabilitationsmaßnahme zusätzlich belasten.

Familiär bezogene Maßnahmen

Bei familiären Maßnahmen begleiten Mutter oder Vater sowie eventuell Geschwister ein krebskrankes Kind. So können auch familientherapeutische und pädagogische Aspekte mit einbezogen werden, wenn eine langwierige Akutbehandlung die gesamte Familie belastet.

Medizinische Voraussetzungen

Es muss sich um die Behandlung eines bösartigen (malignen) Tumors oder einer Systemerkrankung handeln.

Nicht berücksichtigt werden bei der Genehmigung nicht invasive Krebserkrankungen, wie z. B. pTa Harnblasentumore oder Ca in situ (Krebsvorstufe).

Des Weiteren muss die Akutbehandlung abgeschlossen sein. Der Patient muss körperlich in der Lage sein, eine Maßnahme durchzuführen, also rehabilitationsfähig und in der Lage sein, mit öffentlichen Verkehrsmitteln oder dem eigenen Pkw anzureisen, also reisefähig sein. Bei besonderen Körperbehinderungen kann im Einzelfall eine Ausnahme bestehen.

Rechtliche Voraussetzungen

§

§§ 10 und 11 SGB VI:

§ 10 Persönliche Voraussetzungen

(1) Für Leistungen zur Teilhabe haben Versicherte die persönlichen Voraussetzungen erfüllt,

1. deren Erwerbsfähigkeit wegen Krankheit oder körperlicher, geistiger oder seelischer Behinderung erheblich gefährdet oder gemindert ist und
2. bei denen voraussichtlich
   a) bei erheblicher Gefährdung der Erwerbsfähigkeit eine Minderung der Erwerbsfähigkeit durch Leistungen zur medizinischen Rehabilitation oder zur Teilhabe am Arbeitsleben abgewendet werden kann,
   b) bei geminderter Erwerbsfähigkeit diese durch Leistungen zur medizinischen Rehabilitation oder zur Teilhabe am Arbeitsleben wesentlich gebessert oder wiederhergestellt oder hierdurch deren wesentliche Verschlechterung abgewendet werden kann,
   c) bei teilweiser Erwerbsminderung ohne Aussicht auf eine wesentliche Besserung der Erwerbsfähigkeit durch Leistungen zur Teilhabe am Arbeitsleben
      aa) der bisherige Arbeitsplatz erhalten werden kann oder
      bb) ein anderer in Aussicht stehender Arbeitsplatz erlangt werden kann, wenn die Erhaltung des bisherigen Arbeitsplatzes

nach Feststellung des Trägers der Rentenversicherung nicht möglich ist.

(2) Für Leistungen zur Teilhabe haben auch Versicherte die persönlichen Voraussetzungen erfüllt,

1. die im Bergbau vermindert berufsfähig sind und bei denen voraussichtlich durch die Leistungen die Erwerbsfähigkeit wesentlich gebessert oder wiederhergestellt werden kann oder
2. bei denen der Eintritt von im Bergbau verminderter Berufsfähigkeit droht und bei denen voraussichtlich durch die Leistungen der Eintritt der im Bergbau verminderten Berufsfähigkeit abgewendet werden kann.

(3) Für die Leistungen nach den §§ 14, 15a und 17 haben die Versicherten oder die Kinder die persönlichen Voraussetzungen bei Vorliegen der dortigen Anspruchsvoraussetzungen erfüllt.

§ 11 Versicherungsrechtliche Voraussetzungen

(1) Für Leistungen zur Teilhabe haben Versicherte die versicherungsrechtlichen Voraussetzungen erfüllt, die bei Antragstellung

1. die Wartezeit von 15 Jahren erfüllt haben oder
2. eine Rente wegen verminderter Erwerbsfähigkeit beziehen.

(2) [1]Für die Leistungen zur Prävention und zur medizinischen Rehabilitation haben Versicherte die versicherungsrechtlichen Voraussetzungen auch erfüllt, die

1. in den letzten zwei Jahren vor der Antragstellung sechs Kalendermonate mit Pflichtbeiträgen für eine versicherte Beschäftigung oder Tätigkeit haben,
2. innerhalb von zwei Jahren nach Beendigung einer Ausbildung eine versicherte Beschäftigung oder selbständige Tätigkeit aufgenommen und bis zum Antrag ausgeübt haben oder nach einer solchen Beschäftigung oder Tätigkeit bis zum Antrag arbeitsunfähig oder arbeitslos gewesen sind oder
3. vermindert erwerbsfähig sind oder bei denen dies in absehbarer Zeit zu erwarten ist, wenn sie die allgemeine Wartezeit erfüllt haben.

[2]§ 55 Abs. 2 ist entsprechend anzuwenden. [3]Der Zeitraum von zwei Jahren nach Nummer 1 verlängert sich um Anrechnungszeiten wegen des Bezugs von Arbeitslosengeld II. [4]Für die Leistungen nach § 15a an Kinder von Versicherten sind die versicherungsrechtlichen Voraussetzungen erfüllt, wenn der Versicherte die allgemeine Wartezeit oder die in Satz 1 oder in Absatz 1 genannten versicherungsrechtlichen Voraussetzungen erfüllt hat.

(2a) Leistungen zur Teilhabe am Arbeitsleben werden an Versicherte auch erbracht,

1. wenn ohne diese Leistungen Rente wegen verminderter Erwerbsfähigkeit zu leisten wäre oder
2. wenn sie für eine voraussichtlich erfolgreiche Rehabilitation unmittelbar im Anschluss an Leistungen zur medizinischen Rehabilitation der Träger der Rentenversicherung erforderlich sind.

(3) [1]Die versicherungsrechtlichen Voraussetzungen haben auch überlebende Ehegatten erfüllt, die Anspruch auf große Witwenrente oder große Witwerrente wegen verminderter Erwerbsfähigkeit haben. [2]Sie gelten für die Vorschriften dieses Abschnitts als Versicherte.

Kostenträger

4 In der Regel sind die gesetzlichen Krankenkassen und Rentenversicherungen Kostenträger einer Rehabilitationsmaßnahme. Es gibt verschiedene Kostenträger für Rehabilitationsmaßnahmen, die sog. Rehabilitationsträger.

Diese können sein:

- Bundesagentur für Arbeit und nach SGB II zugelassene kommunale Träger (zuständig für Arbeitsuchende)
- Gesetzliche Rentenversicherungen und Alterssicherungen der Landwirte (zuständig für Erwerbstätige, Erwerbsminderungsrentner, Arbeitsuchende und andere Personen, die die Beitrags- und Wartezeiten erfüllen)
- Gesetzliche Krankenkassen (zuständig insbesondere für Kinder und Jugendliche, Studenten, Hausfrauen und -männer sowie Rentner)
- Gesetzliche Unfallversicherung (GUV, SGB VII) (zuständig insbesondere bei Folgen eines Arbeitsunfalls, Wegeunfalls oder einer Berufskrankheit bei Erwerbstätigen, Schülern und Studenten)
- Träger der Kriegsopferversorgung und Kriegsopferfürsorge (zuständig für eine Rehabilitation bei Gesundheitsschäden durch Kriegseinsätze, Wehr- und Zivildienst, bei Entschädigung von Opfern von Gewalttaten und Impfschäden)

- Träger der öffentlichen Jugendhilfe (zuständig bei Jugendlichen mit seelischen Behinderungen oder von seelischen Behinderungen bedrohten Kindern und Jugendlichen; die Träger der öffentlichen Jugendhilfe sind dann zuständig, wenn kein anderer Leistungsträger für die Kinder und Jugendlichen vorrangig zuständig ist)
- Träger der Sozialhilfe (zuständig für Bezieher von Sozialleistungen)
- Beihilfe (zuständig für Beamte)
- Private Krankenversicherung

Wer konkret Kostenträger Ihrer Rehabilitationsmaßnahme ist, wird daher individuell geprüft und können Sie bei Ihrer gesetzlichen Krankenkasse oder Ihrem Rentenversicherungsträger erfahren. In allen Bundesländern – außer Nordrhein-Westfalen – können Sie auch direkt einen Antrag für eine Rehabilitationsmaßnahme bei Ihrer gesetzlichen Krankenkasse oder Ihrem Rentenversicherungsträger einreichen. Die Kostenträger klären die Zuständigkeit untereinander.

Ist der Leistungsträger, bei dem Sie einen Antrag gestellt haben, nicht zuständig, muss dieser den Antrag auf Rehabilitation innerhalb einer Frist von 14 Tagen an den zuständigen Leistungsträger weiterleiten (§ 14 SGB IX). Verstreicht diese Frist, wird derjenige, bei dem Sie den Antrag eingereicht haben, nach § 14 SGB IX der Leistungsträger. Sofern er den Rehabilitationsantrag an den falschen Leistungsträger weiterleitet, werden die Kosten zwischen ihm und dem zuständigen Leistungsträger aufgeteilt.

Sonderregelung bei Wohnsitz in Nordrhein-Westfalen

In Nordrhein-Westfalen organisiert die Arbeitsgemeinschaft für Krebsbekämpfung der Träger der gesetzlichen Kranken- und Rentenversicherung im Lande NRW, Universitätsstraße 140, 44799 Bochum, Telefon: 0234/89 02-0, www.argekrebsnw.de, die Anschlussheilbehandlung oder Rehabilitationsmaßnahme.

Der Patient muss Mitglied einer **gesetzlichen** Kranken- und/oder Rentenversicherung sein. Dies gilt auch für versicherungspflichtige oder freiwillig versicherte Mitglieder sowie deren Familienangehörige. Ebenso müssen die persönlichen und versicherungsrechtlichen Voraussetzungen der §§ 10 und 11 SGB VI erfüllt sein und der Erstwohnsitz des Patienten muss in Nordrhein-Westfalen sein.

Ausnahme: Versicherte der Deutschen Rentenversicherung Knappschaft-Bahn-See, die außerhalb von Nordrhein-Westfalen, aber in einem der „alten" Bundesländer wohnen.

Krebspatienten aus Nordrhein-Westfalen finden eine Aufstellung der möglichen Kliniken im Internet auf der Seite der Arbeitsgemeinschaft für Krebsbekämpfung NW unter: https://www.argekrebsnw.de/Standort-UEbersicht-Karte.16.0.html

Wunschklinik

4 Manch ein Patient möchte nicht in eine Rehabilitationsklinik irgendwo in Deutschland, sondern in eine Klinik seiner Wahl. Dies ist nicht immer möglich, trotzdem aber einen Versuch wert.

Klinikauswahl

Nicht alle Krankenkassen und Rentenversicherungen haben mit allen Rehabilitationskliniken in Deutschland einen Vertrag zur Durchführung von Anschlussheilbehandlungen oder Rehabilitationsmaßnahmen geschlossen.

Zuerst einmal sollten Sie bei einem Kostenträger anrufen und erfragen, welcher Leistungsträger/Kostenträger für Ihre Maßnahme zuständig ist. Nachdem Sie den Leistungsträger/Kostenträger wissen, können Sie direkt bei diesem anfragen, mit welchen Kliniken Ihr Kostenträger speziell für Ihre onkologische Krebserkrankung (z. B. Darmkrebs) einen Vertrag abgeschlossen hat.

Wichtig: Bei der Klinikauswahl werden ggf. weitere vorhandene Vorerkrankungen – unabhängig von der akuten Krebserkrankung – berücksichtigt, damit möglichst viele Vorerkrankungen zusätzlich zur akuten Krebserkrankung in der Rehabilitationsklinik behandelt werden können. Zwingende Voraussetzung Ihrer Wunschklinik muss aber sein, dass diese eine Fachabteilung für Ihre spezielle Krebserkrankung hat. Gleiches gilt für Anschlussheilbehandlungen.

Entfernung und Reisekosten

Anschlussheilbehandlungen und Rehabilitationsmaßnahmen sollten außerdem möglichst wohnortnah durchgeführt werden.

Liegt die Wunschklinik weit vom Wohnort entfernt, so ist zusätzlich eine alleinige Reisefähigkeit mit öffentlichen Verkehrsmitteln oder dem eigenen Pkw notwendig.

Es kann ggf. zu einer Begrenzung der Erstattung von Reisekosten kommen, wenn die Anreise mit dem eigenen Kfz erfolgt. Die Deutsche Rentenversicherung erstattet z. B. Fahrtkosten nach dem Bundesreisekostengesetz (BRKG) mit 0,20 Euro pro gefahrenem Kilometer für die Hin- und Rückfahrt. Bei einer stationären Rehabilitationsmaßnahme ist die Erstattung auf 130 Euro begrenzt.

Weitere Informationen zur Erstattung von Reisekosten durch die Deutsche Rentenversicherung finden Sie auf der Homepage der Deutschen Rentenversicherung Braunschweig-Hannover unter:

https://www.deutsche-rentenversicherung.de/BraunschweigHannover/DE/Allgemein/Services/Beihilfe/Erstattung-von-Reisekosten/reisekosten.html

Praxis-Tipp:

Informieren Sie sich vorher bei Ihrem Leistungs- und Kostenträger, welche Kliniken überhaupt zur Auswahl stehen. Nur wenn Sie sich vorher informieren, welcher Leistungs-/Kostenträger für Ihre Maßnahme zuständig ist und mit welchen Rehabilitationskliniken dieser einen Vertrag geschlossen hat, können Sie die Auswahlentscheidung beeinflussen. Nicht alle Leistungs- und Kostenträger haben auch mit allen Rehabilitationskliniken einen Vertrag geschlossen.

Mit viel Glück hat der Leistungs- und Kostenträger einen Vertrag mit Ihrer Wunschklinik geschlossen.

Zusatzleistungen

Bevor Sie sich endgültig für eine Rehabilitationsklinik entscheiden, können Sie auch Informationsmaterial und Preislisten über eventuell anfallende Zusatzleistungen, wie z. B. für Telefon, Internet, TV etc. bei Ihrer Wunschklinik oder mehreren Kliniken, die in die engere Auswahl kommen, anfordern.

Eine Krebserkrankung kann leider sehr teuer sein/werden, da viele benötigten Dinge keine oder nur anteilige Kassenleistungen sind und je nach Erkrankung auch die Anschaffung von neuen Kleidungsstücken notwendig wird.

Zuzahlung und Befreiung

Zuzahlungen – Überblick

Die Kosten für den Aufenthalt (Unterkunft, Verpflegung, ärztliche Betreuung, medizinische Therapien und Anwendungen) werden vom Kosten- bzw. Leistungsträger übernommen. Grundsätzlich ist für eine Rehabilitationsmaßnahme eine Zuzahlung notwendig.

Wie hoch diese Zuzahlung im Einzelfall ist und ob es eine Befreiung der Zuzahlung gibt, hängt vom Kosten- bzw. Leistungsträger der Maßnahme ab.

Zuzahlungen in der Rentenversicherung

Ist Kosten- bzw. Leistungsträger der Rehabilitationsmaßnahme die Rentenversicherung, fallen folgende Zuzahlungen an:

Stationäre Anschlussrehabilitation	max. 10 EUR pro Tag für 14 Tage*
Ambulante Anschlussrehabilitation	keine Zuzahlung erforderlich
Stationäre Rehabilitation (nach Ablauf der Frist für eine Anschlussrehabilitation)	max. 10 EUR pro Tag für den gesamten Zeitraum der Maßnahme
Ambulante Rehabilitation (nach Ablauf der Frist für eine Anschlussrehabilitation)	keine Zuzahlung

* Bereits geleistete Zuzahlungen eines Krankenhausaufenthaltes werden angerechnet.

Eine Zuzahlung muss für längstens 42 Tage geleistet werden, wobei Zuzahlungen bei einer Anschlussheilbehandlung für längstens 14 Tage im Kalenderjahr gezahlt werden müssen. Auch Zuzahlungen für eine Rehabilitation im gleichen Jahr werden angerechnet und berücksichtigt.

Die Zuzahlungshöhe ist im Jahr 2019 wie folgt gestaffelt:

Monatliches Nettoeinkommen	Kalendertäglicher Zuzahlungsbetrag
unter 1.247,00 EUR	keine Zuzahlung
ab 1.247,00 EUR	5,00 EUR
ab 1.370,60 EUR	6,00 EUR
ab 1.495,20 EUR	7,00 EUR
ab 1.619,80 EUR	8,00 EUR
ab 1.744,40 EUR	9,00 EUR
ab 1.869,00 EUR	10,00 EUR

Weitere detaillierte Informationen finden Sie im Internet auf der Seite der Deutschen Rentenversicherung unter:

https://www.deutsche-rentenversicherung.de

Zuzahlungsbefreiung (Rentenversicherung)

Ist der Kosten-/Leistungsträger eine Rentenversicherung, kann der Patient zuzahlungsbefreit werden, wenn er

- eine ambulante Anschlussrehabilitation oder ambulante Rehabilitationsmaßnahme besucht,
- das 18. Lebensjahr noch nicht vollendet hat,
- Übergangsgeld vom Rentenversicherungsträger bezieht (sofern daneben kein zusätzliches Erwerbseinkommen bezogen wird),
- Grundsicherung, Sozialgeld oder Hilfe zum Lebensunterhalt bezieht,
- sein monatliches Nettoeinkommen die Belastungsgrenze nicht erreicht. Diese Belastungsgrenze ändert sich jedes Jahr. Eine Befreiung ist z. B. in 2019 möglich, wenn das monatliche Nettoeinkommen 1.247,00 Euro nicht überschreitet. Berücksichtigt werden allerdings nur die Einnahmen der Person, deren Versicherung für die Rehabilitationsmaßnahme aufkommt.

Reduzierung der Zuzahlung (Rentenversicherung)

Eine Reduzierung der notwendigen Zuzahlung ist möglich, wenn

- der Patient mindestens ein Kind hat, für welches Anspruch auf Kindergeld besteht,
- der Patient pflegebedürftig ist und der Partner (Ehegatte/Eingetragener Lebenspartner) den Patienten pflegt und aus diesem Grund nicht erwerbstätig ist,
- der Partner (Ehegatte/Eingetragener Lebenspartner) pflegebedürftig ist und dieser keinen Anspruch auf Leistungen aus der Pflegeversicherung hat,
- das Einkommen eine bestimmte Grenze nicht überschreitet.

Wichtig: Eine Zuzahlungsbefreiung bei der gesetzlichen Krankenkasse findet keine Berücksichtigung, wenn der Kostenträger einer Rehabilitationsmaßnahme eine Rentenversicherung ist.

Praxis-Tipp:

Liegen die Voraussetzungen für eine Zuzahlungsbefreiung oder eine reduzierte Zuzahlung vor, beantragen Sie zeitgleich eine Zuzahlungsbefreiung oder Reduzierung und eine Rehabilitationsmaßnahme. Fügen Sie dem Antrag Entgeltbescheinigungen oder entsprechende behördliche Bescheide über Rente, Grundsicherung und ggf. weitere Verdienstbescheinigungen etc. bei.

Zuzahlung in der Krankenversicherung

Ist Kostenträger/Leistungsträger der Rehabilitationsmaßnahme die Krankenversicherung, sind folgende Zuzahlungen zu zahlen:

Ambulante und stationäre Anschlussrehabilitation	10 EUR pro Tag für 28 Tage*
Ambulante und stationäre Rehabilitation (nach Ablauf der Frist für eine Anschlussrehabilitation)	10 EUR pro Tag für den gesamten Zeitraum der Maßnahme

* Bereits geleistete Zuzahlungen eines Krankenhausaufenthaltes werden angerechnet.

Befreiung/Reduzierung der Zuzahlung (Krankenkasse)

Wer gesetzlich krankenversichert und schwerwiegend chronisch krank ist, muss unter bestimmten Voraussetzungen nur eine Zuzahlungsbelastung (Belastungsgrenze) von 1 Prozent (anstatt 2 Prozent) des Brutto-Jahreseinkommens zahlen. Siehe dazu Kapitel 2, Abschnitt „Befreiung von gesetzlichen Zuzahlungspflichten".

Wurde die Belastungsgrenze erreicht, ist eine Zuzahlung für eine Rehabilitation nicht mehr erforderlich.

Patienten, die das 18. Lebensjahr noch nicht vollendet haben, sind ebenfalls von der Zuzahlung befreit.

Reisekosten

Die Reisekosten werden in den meisten Fällen durch den Leistungs-/Kostenträger abgedeckt. Darin enthalten sind die notwendigen Kosten für die Fahrt, das Gepäck, die Verpflegung und die Übernachtung des Versicherten sowie einer eventuell notwendigen Begleitperson.

Anreise mit öffentlichen Verkehrsmitteln

Die Fahrtkosten werden für die niedrigste Klasse der zweckmäßigsten und günstigsten Variante mit öffentlichen Verkehrsmitteln für die Hin- und Rückfahrt von Zuhause zur Rehabilitationsklinik und zurück erstattet. Hierzu zählt auch eine Erstattung der Zuschläge für Schnellzüge, InterCity/EuroCity (IC/EC) und InterCityExpress (ICE). Auch eventuell zu entrichtende Servicegebühren werden erstattet.

Bei Fernstrecken können auch die Platzkarten oder Liegewagenplätze erstattet werden.

Gleiches gilt auch für Kinder, deren Mitnahme notwendig ist, da eine anderweitige Betreuung nicht sichergestellt werden kann.

Achtung: Ggf. anfallende Zusatzgebühren wie z. B. für die Abholung von Gepäck ab 18 Uhr etc. werden nicht erstattet.

Anreise mit dem privaten Pkw

Hier ist zu beachten, dass bei einer Anreise mit dem Pkw das Bundesreisekostengesetz angewandt wird und nur die kürzeste Entfernung berücksichtigt wird. Bei einem stationären Rehabilitationsaufenthalt beträgt die Wegstreckenentschädigung derzeit 0,20 Euro je gefahrenen Kilometer, höchstens jedoch 130 Euro insgesamt für die An- und Abreise.

Fallen zusätzlich Parkgebühren an, wie z. B. für die Zeit während der Maßnahme, sind diese anfallenden Gebühren bereits in der Wegstreckenentschädigung von 0,20 Euro je gefahrenen Kilometer mit abgedeckt, also inclusive.

Achtung: Erfolgt die Anreise mit einem Pkw, entfällt die Kostenübernahme für den Gepäcktransport.

Fahrdienste/Transfer

Achtung: Bietet die Rehabilitationsklinik einen Fahrdienst/Transfer an, werden weder Kosten für öffentliche Verkehrsmittel noch mit dem privaten Pkw erstattet.

Antragstellung

Patienten, die im Bundesland Nordrhein-Westfalen wohnen und nicht in einem Beamtenverhältnis stehen oder entsprechende Versorgungsbezüge beziehen, müssen einen Antrag bei der Arbeitsgemeinschaft für Krebsbekämpfung, Universitätsstraße 140 in 44799 Bochum stellen. Ein entsprechendes Antragsformular finden Sie im Internet unter:

https://www.argekrebsnw.de/Startseite.2.0.html

Patienten aus allen anderen Bundesländern können sich direkt an ihre gesetzliche Kranken- oder Rentenversicherung wenden und dort erfragen, wer in ihrem speziellen Fall Leistungs-/Kostenträger einer Anschlussheilbehandlung/Rehabilitationsmaßnahme ist. Beamte können sich an ihre Beihilfestelle wenden.

Praxis-Tipp:

Sie können den Antrag direkt beim zuständigen Leistungs- bzw. Kostenträger stellen und vermeiden so unnötige Bearbeitungszeit, weil der Antrag weitergeleitet und erneut geprüft werden muss.

Sofern Sie einen besonderen Wunsch einer speziellen Rehabilitationsklinik haben, sollten Sie diesen im Antragsformular mit angeben.

Tipps zur Vorbereitung auf den Rehabilitationsaufenthalt

Was sollten Sie vorab mit der Klinik abklären?

Fragen Sie vor Antritt der Rehabilitationsmaßnahme bei Bedarf proaktiv nach benötigten Dingen und Hilfsmitteln. Gleiches gilt für ein zusätzliches Kopfkissen, besonders weiche oder harte Matratzen, zusätzliche Inkontinenz-Matratzenschoner oder Handtücher. In vielen Fällen können Ihre Wünsche erfüllt werden.

Arztgespräche

In der Regel findet am Anfang und am Ende sowie einmal pro Woche ein Arztgespräch (ggf. mit Untersuchung) statt. Wenn Sie während Ihres Aufenthaltes erkranken und/oder ärztliche Hilfe benötigen und Sie keinen Termin für ein Arztgespräch bekommen, bleiben Sie standhaft und bestehen Sie auf einen Termin für ein Arztgespräch außer der Reihe.

Sofern Sie medizinische Fragen an den Arzt beim Aufnahmegespräch oder bei Folgegesprächen haben, notieren Sie sich diese vorher, damit diese während des Gesprächs nicht in Vergessenheit geraten.

Allergiker

Sollten Sie Allergiker sein und ein Antiallergiker-Deckbett und ein Antiallergiker-Kopfkissen benötigen, so fragen Sie vor Antritt der

Maßnahme in der Klinik nach, ob man Ihnen diese zur Verfügung stellen kann.

Rollstuhlfahrer oder gehbehinderte Menschen

Rollstuhlfahrer oder Patienten, die einen Rollator benötigen, sollten dies ebenfalls vor Antritt der Rehabilitationsmaßnahme der Klinik mitteilen, damit das Zimmer für einen Rollstuhl oder Rollator entsprechend groß genug ist.

Unterbringung von Begleitpersonen

Informieren Sie sich vor Antritt der Maßnahme, ob eine Unterbringung eines (Ehe-)Partners während des gesamten Aufenthaltes oder aber an Wochenenden in der Klinik möglich ist. Ist dies (für den geplanten Zeitraum) nicht möglich, fragen Sie nach weiteren Unterbringungsmöglichkeiten in der Umgebung (z. B. Pension). Eine bereits im Vorfeld geplante Unterbringung des (Ehe-)Partners ist meist kostengünstiger als eine kurzfristige Unterbringung in einem Hotel oder einer Pension.

Verpflegung von Familienangehörigen bei Besuchen

Einige Kliniken bieten gegen eine entsprechende Bezahlung die Verpflegung des Partners oder von Familienangehörigen für die Zeit(en) des Besuchs an. Wenn dies angeboten wird, ist das in der Regel wesentlich günstiger als eine Verpflegung in Restaurants.

TV

Klären Sie vor Ihrer Anreise, ob die Rehabilitationsklinik einen Fernseher auf dem Zimmer kostenlos zur Verfügung stellt bzw. was die Bereitstellung kostet.

Eventuell können Sie, sofern Sie einen Laptop mitnehmen, kostenlos DVB-T2 sehen, vgl. dazu die Ausführungen in Kapitel 1 → „Bereiten Sie Ihren Aufenthalt im Krankenhaus vor" → „Bekleidung und sonstige wichtige Utensilien"

WLAN

Sofern Sie es benötigen, können Sie bereits im Vorfeld bei der Rehabilitationsklinik erfragen, ob die Nutzung eines kostenlosen WLAN-Netzes ermöglicht oder dieses nur kostenpflichtig und in welcher Höhe zur Verfügung gestellt wird. Je nach Höhe der Nutzungsgebühr für das WLAN-Netz und Ihres Internetverhaltens kann ein Prepaid-Surf-Vertrag eventuell eine Alternative sein.

Radiowecker

Häufig ist kein Radio auf dem Zimmer vorhanden. Erfragen Sie daher vor Rehabilitationsantritt bei der Klinik, ob den Patienten ein Radiowecker zur Verfügung gestellt wird. Mit einem kleinen Radiowecker können Sie sich wecken lassen und Radio hören.

Reise-Wasserkocher

Wer morgens – ggf. vor Beginn der ersten Anwendung – nicht auf seinen Kaffee oder Tee verzichten möchte, kann einen kleinen Reise-Wasserkocher und löslichen Kaffee oder Tee mitnehmen. Allerdings ist dieser nicht in allen Kliniken erlaubt. Erfragen Sie dies bei Bedarf vor Antritt.

Waschmaschine/Trockner

Erfragen Sie vor Antritt der Rehabilitationsmaßnahme, ob die Benutzung einer Waschmaschine und eines Trockners (vermutlich gegen eine Nutzungsgebühr) möglich ist. Mit diesem Wissen können Sie – sofern Sie es wünschen – Ihr Gepäck in Bezug auf die benötigte Kleidung reduzieren.

Toilettenpapier

In den meisten Kliniken wird eher hartes als weiches Toilettenpapier zur Verfügung gestellt. Patienten, die aufgrund einer Blasen- oder Darmerkrankung die Toilette häufig aufsuchen müssen, können direkt in der Aufnahmeuntersuchung den Arzt darum bitten, weiches Toilettenpapier zu erhalten. Weiches und somit teureres Toilettenpapier erhalten Sie meist nur auf ärztliche Anordnung.

Packliste für den Rehabilitationsaufenthalt

Packliste für einen Rehabilitationsaufenthalt	
Bekleidung	
T-Shirts	
Jogginghosen/Freizeithosen	
Joggingjacke/Fleecejacken	
Socken/Strümpfe/Strumpfhosen	
Unterwäsche	
Bikini/Badeanzug/Badehose	
Schlafanzüge/Nachthemden	
Bademantel	
Bluse(n)/Hemden	
Hosen/Jeans	
Wind- und wetterfeste Freizeitkleidung, ggf. Stirnband, Mütze, Handschuhe	
Schuhe	
Hausschuhe	
Sportschuhe (in- und outdoor)	
Bequeme feste Schuhe	
Elegantes Schuhwerk	
Winterstiefel/Wanderschuhe (bei Freizeit)	
Badeschuhe	
Kosmetik	
Zahnbürste, Zahnpasta und Zahnputzbecher	
Zahnseide/Zahnzwischenraumbürsten	
Duschgel/Seife	
Haarshampoo	
Deo	
Föhn (sofern nicht von der Klinik gestellt)	
Handcreme	
Desinfektionsmittel für WCs	
Nagelpflegeset	
Sonnenmilch	
Hilfsmittel/Medikamente	
Inkontinenzvorlagen/Katheter etc.	
Blutzuckermessgerät und Zubehör	
Rollstuhl/Rollator	
Medikamente	

Packliste für einen Rehabilitationsaufenthalt	
Medikamentendose für 7 Tage (tägliche Einnahme)	
Sonstige ärztlich verordnete Medikamente, wie z. B. Asthmaspray, Augentropfen, Insulin, Halsschmerzmittel, Migränetabletten, Schmerztabletten etc.	
Verschiedenes/Sonstiges	
Fernbrille, Lesebrille, Sonnenbrille	
Kontaktlinsen, Kontaktlinsenmittel, Aufbewahrungsdose	
Lärmstops/Ohropax	
Papiertaschentücher	
Papierblock/Notizbuch und Kugelschreiber	
Taschenkalender/Terminkalender	
Bücher/E-Books/Zeitschriften, TV-Zeitung	
Schlüsselbund-Mäppchen mit Reißverschluss	
Kopfkissen	
Laptop/Netbook oder Tablet-PC mit Stromkabel	
DVBT-Stick mit Antenne	
Mehrfachsteckdose/Verlängerungsschnur	
Diebstahl-Schloss für Laptop	
MP3-Player mit Ladekabel	
Mobiltelefon mit Ladekabel	
Kopfhörer und Ersatzkopfhörer für Laptop (DVB-T/DVB-T2-TV)	
DVDs, eventuell Musik-CDs (Vorsicht Diebstahl!)	
Türhaken	
Rucksack/Beuteltasche/Tasche	
Wäscheleine/Wäscheklammer	
Pflaster/Blasenpflaster	
Große Badehandtücher (im Sommer für Gartenliege/Strand)	
Kleiner Radiowecker	
Eventuell Reise-Wasserkocher	
Löslicher Kaffee oder Tee, ggf. Zucker/Süßstoff	
Wichtige Unterlagen	
Klinikunterlagen	
Eigene Befundakte/Fragebögen der Rehaklinik	
Krankenversicherungskarte/elektronische Gesundheitskarte	

4

Packliste für einen Rehabilitationsaufenthalt	
ggf. Ausweis für die Zuzahlungsbefreiung für gesetzliche Zuzahlungen nach § 62 SGB V und nach § 40 Abs. 3 SGB XI	
Personalausweis	
EC-Karte	
ggf. Überweisung zum Facharzt im Klinikort (bei Akutkrankheiten, die nicht in der Rehabilitationsklinik behandelt werden können)	
ggf. Rezepte für benötigte Medikamente und Hilfsmittel zum Einlösen in der Apotheke im Rehabilitationsort	

Auch bei der Vorbereitung Ihrer Anschlussheilbehandlung bzw. Ihres Rehabilitationsaufenthaltes gibt es einiges zu beachten. Gerade wenn es um das Packen für diese Zeit geht, wiederholt sich manches, was Sie schon beim Packen für die OP und für den Krankenhausaufenthalt bedenken mussten. Dennoch lohnt es sich – auch weil es sich wahrscheinlich um eine längere Aufenthaltsdauer handelt –, nochmals einige Punkte aus dem Kapitel 1 Abschnitt „Bereiten Sie Ihren Aufenthalt im Krankenhaus vor“ sowie weitere Punkte kurz ansprechen:

Befundakte und Fragebögen

Ihre bereits angelegte Befundakte sollten Sie weiter pflegen und um aktuelle Arzt- und Krankenhausbefunde sowie ggf. aktualisierte persönliche Aufstellungen (Medikamentenliste etc.) erweitern.

Vor Antritt der Rehabilitationsmaßnahme erhalten Sie in der Regel per Post einen Stapel Fragebögen, die Sie bei Antritt ausgefüllt mitbringen sollen. Auch diese Unterlagen sollten Sie in der Befundakte mitnehmen.

Bei Antritt der Maßnahme erhalten Sie dann in der Regel einen weiteren Stapel Fragebögen, die Sie dann vor Ort ausfüllen müssen. Alle abgefragten Angaben, die Sie in den Fragebögen beantworten müssen, dienen den Ärzten zum größten Teil dazu, diese Angaben in den Abschlussbericht zu übernehmen.

Beim persönlichen Arztgespräch sind erst einmal die aktuellen Befunde und Ihre persönlichen Aufstellungen wichtig, die Sie unbedingt in aktualisierter Form einpacken sollten.

Medikamente und Hilfsmittel

Hier gilt grundsätzlich das Gleiche wie bei Ihrer Vorbereitung auf einen Krankenhausaufenthalt (siehe Kapitel 1 Abschnitt „Bereiten Sie Ihren Aufenthalt im Krankenhaus vor").

In den meisten Rehabilitationskliniken müssen Patienten ihre eigenen verordnungsfähigen Medikamente in ausreichender Menge oder sogar zusätzliche ärztliche Verordnungen hierfür mitbringen, um den Zeitraum der Rehabilitation/Anschlussheilbehandlung zu überbrücken.

Sollten Sie nicht erstattungsfähige Medikamente/Medizinprodukte einnehmen bzw. benötigen, sollten Sie diese ebenfalls in jedem Fall einpacken, denn diese werden Sie in der Rehabilitationsklinik voraussichtlich in den meisten Fällen nicht erhalten.

Diabetiker sollten ihr Insulin sowie das Blutzuckermessgerät und -zubehör in jedem Fall in ausreichender Menge mitnehmen oder zumindest zusätzliche ärztliche Verordnungen mitnehmen, die dann am Rehabilitationsort eingelöst werden.

Achten Sie aber darauf, dass ärztliche Verordnungen (rote Rezepte) nur eine Gültigkeit von 4 Wochen haben und ärztliche Betäubungsmittelverordnungen (gelbe BTM-Rezepte) nur 1 Woche gültig sind, damit Sie diese fristgerecht noch in einer Apotheke im Rehabilitationsort einlösen können.

Inwieweit Sie Inkontinenz- oder Katheterprodukte mitnehmen wollen bzw. bei einer Anreise mit öffentlichen Verkehrsmitteln müssen, müssen Sie selbst entscheiden. Vermutlich werden Sie diese auch von der Rehabilitationsklinik erhalten, allerdings können diese von einer anderen Firma in ungewohnter Qualität/Form sein. Im Zweifel klären Sie dies vorher telefonisch mit der Klinik.

Insbesondere von Herbst bis Frühjahr ist ggf. zu überlegen, ob Sie nicht erstattungsfähige Mittel gegen Erkältung (z. B. Halsschmerz- oder Hustenmittel oder Erkältungssalbe zum Einreiben) einpacken. Grassiert einmal in einer Klinik ein Erkältungsvirus, hat man meist keine Chance, dem zu entgehen.

Bekleidung

Während Sie tagsüber in der Klinik mit Shirt und Joggingbekleidung unterwegs sind, benötigen Sie für das Verlassen normale Straßen- oder Ausgehbekleidung.

Sportschuhe: In den meisten Rehabilitationskliniken dürfen Patienten nicht mit Straßen-Turnschuhen in die Sporthalle. Daher ist es sinnvoll, ein Paar Turnschuhe (die noch nicht auf der Straße getragen wurden) sowie ein Paar Straßen-Turnschuhe einzupacken.

Sofern Sie am Abend oder an Wochenenden die Klinik in schicken Schuhen verlassen möchten, sollten Sie diese ebenfalls einpacken.

Weiterhin benötigen Sie dort Badesachen und Badeschuhe. Ein Bademantel kann ggf. hilfreich sein, ist aber meistens kein Muss.

Brillen

Vergessen Sie nicht, eine Sonnenbrille und bei Bedarf eine Lese- und/oder Fernbrille (Ersatzbrille) einzupacken.

Koffer und Taschen

Überlegen Sie, welche(n) Koffer Sie mitnehmen möchten. Ein Koffer mit vier Rollen, der sich schieben lässt, kann bequemer sein als Koffer mit zwei Rollen. Überlegen Sie, ob Sie Aufsatztaschen auf dem Koffer für Kosmetik oder Laptops nebst Zubehör verwenden möchten, so dass diese nicht getragen werden müssen.

Tagsüber werden Sie von einer zur nächsten Anwendung bzw. zum Essen unterwegs sein. Die Bettenhäuser mit den Patientenzimmern liegen in der Regel nicht in unmittelbarer Nähe zu den Räumen, in denen die Anwendungen durchgeführt werden. In einigen Rehabilitationskliniken bekommt man Handtücher für die eigenen Behandlungen gestellt, die man vom Zimmer zum Behandlungsort mitnehmen soll. Praktisch sind auch ein Buch oder ein MP3-Player, um die Wartezeit vor der jeweiligen Behandlung zu verkürzen, und etwas zu trinken gegen den aufkommenden

Durst, denn Sie sind unter Umständen mehrere Stunden pro Tag im Haus unterwegs. Den Zimmerschlüssel und etwas Kleingeld hat man in der Regel auch bei sich. Das alles muss transportiert werden und sollte möglichst nicht verloren gehen. Hierfür eignen sich sehr gut kleine Rucksäcke oder Beuteltaschen mit Innen-Reißverschluss für Geld und Schlüssel.

Kopfkissen

Wer auf eigene oder besonders ergonomische Kopfkissen Wert legt oder gerne zusätzlich mit einem kleinen Kissen (z. B. 30 cm x 30 cm) schläft und die Transportmöglichkeit hat, kann sich sein(e) eigene(n)s Kopfkissen mitnehmen.

Bücher/Hörbücher/Zeitschriften

Häufig sind Rehakliniken abseits eines Zentrums, so dass der Kauf von Büchern/Zeitschriften etc. nicht immer möglich ist oder nur eine kleine Auswahl umfasst. Wer gerne liest, sollte daher ausreichend Lesematerial bzw. Hörbücher einpacken.

Papierblock/Kugelschreiber

Nehmen Sie einen Block und Kugelschreiber mit. So können Sie sich z. B. Fragen für anstehende Arzttermine notieren.

Lärmstops

Wichtig und unverzichtbar sind auch – selbst in Einzelzimmern – in Rehabilitationskliniken Lärmstops oder Ohropax.

MP3-Player

Zwischen den Anwendungen ist man in der Regel im Haus unterwegs oder wartet bereits im Wartebereich auf die nächste Anwendung. Wer mag, kann sich diese Zeit mit Musik oder Hörbüchern vom MP3-Player angenehmer gestalten.

Mehrfachsteckerleiste

Auch in der Rehabilitationsklinik kann die Mitnahme einer Mehrfachsteckerleiste und ggf. eines Verlängerungskabels nützlich sein. Achten Sie darauf, dass diese mit dem „CE“-Zeichen ausgezeichnet ist.

Wäscheleine/Türhaken

Wer in den warmen Monaten eine Rehabilitationsmaßname antritt und ein Stück Wäscheleine sowie einige Wäscheklammern eingepackt hat, kann – sofern die Zimmer in dieser Klinik über einen kleinen Balkon verfügen – seine nassen Badesachen oder ein mit der Hand durchgewaschenes Shirt auf der Leine auf dem Balkon trocknen.

Sehr praktisch fand ich bei einem Aufenthalt im Winter zwei mitgenommene (Kleider-)Türhaken, die man oben auf eine Zimmertür aufstecken konnte und die im Koffer so gut wie keinen Platz weggenommen haben, so dass ich dort Jacken bzw. Bademantel aufhängen konnte.

Lunchpaket

Nehmen Sie bei einer längeren mehrstündigen Anfahrt ein Lunchpaket und Getränke mit. Erreichen Sie die Rehabilitationsklinik, nachdem das Mittagessen vorbei ist, bekommen Sie in der Regel dort erst am Abend etwas zu essen.

Gerade bei einer langen Anreise mit dem eigenen Pkw kann es sinnvoll sein, kurz vor dem Ziel nochmals eine Pause einzulegen. Nicht immer hat man – erst einmal in der Rehabilitationsklinik angekommen – sogleich die Möglichkeit für eine kurze Verschnaufpause, um sich von der Fahrt erholen und eine Mahlzeit einnehmen zu können. Unter Umständen geht es nach dem Abstellen Ihres Gepäcks im Zimmer direkt im Anschluss zu den Antrittsuntersuchungen.

Finanzierung des Lebensunterhalts

Krankengeld für Arbeitnehmer

Allgemeine Informationen zum Krankengeld

Krankengeld ist eine Entgeltersatzleistung der Krankenversicherung, die den Ausfall von Einkommen infolge krankheitsbedingter Arbeitsunfähigkeit ausgleichen soll. Bei den Anspruchsberechtigten wird zwischen Arbeitnehmern und selbstständig Tätigen unterschieden.

Arbeitsunfähigkeit 1.–6. Woche

Innerhalb der ersten 6 Wochen ab Beginn einer Erkrankung erhalten gesetzlich versicherte Arbeitnehmer in der Regel ihr Gehalt bzw. ihren Arbeitslohn fortgezahlt.

Jedoch haben nicht alle Arbeitnehmer Anspruch auf eine Lohnfortzahlung. Keinen Anspruch haben alle kurzzeitig Beschäftigten oder Saisonarbeiter. Diese müssen bei der Agentur für Arbeit klären, ob ein Anspruch auf Arbeitslosengeld I oder Arbeitslosengeld II besteht.

Arbeitsunfähigkeit ab der 7. Woche

Ab der 7. Woche haben gesetzlich Versicherte in der Regel einen Anspruch auf Krankengeld in Höhe von 70 bis maximal 90 Prozent des Bruttogehalts. Ob und in welcher konkreten Höhe dieser Anspruch besteht, teilt die jeweilige Krankenkasse auf Anfrage mit.

Zumeist fragt Ihre Krankenkasse bereits spätestens in der 5. Woche der Arbeitsunfähigkeit nach, ob die Arbeitsunfähigkeit voraussichtlich über die 6. Woche hinausgehen wird. Erfolgt das nicht, bitten Sie Ihre Krankenkasse – unaufgefordert – um Übersendung von Auszahlscheinen für das Krankengeld.

Nach Vorlage eines von einem Arzt ausgefüllten Auszahlscheins erhalten Sie im Regelfall von der gesetzlichen Krankenkasse Krankengeld gemäß § 44 SGB V. Einige Arbeitgeber zahlen einen Zuschuss zum Krankengeld. Einzelheiten hierzu erfahren Sie von Ihrem Arbeitgeber oder dem Betriebsrat Ihres Betriebs.

Empfänger von Arbeitslosengeld I erhalten Krankengeld in Höhe der zuletzt bezogenen Leistungen.

Achten Sie darauf, die Krankenkasse frühzeitig über ein etwaiges Fortdauern der Arbeitsunfähigkeit mit der entsprechenden Bescheinigung zu informieren.

Seit dem Gesetz zur Stärkung der Versorgung in der gesetzlichen Krankenversicherung (GKV-Versorgungsstärkungsgesetz – GKV-VSG) aus dem Jahr 2015 bleiben Krankengeldansprüche auch dann bestehen, wenn nach Ablauf der festgestellten Arbeitsunfähigkeitsbescheinigung am nächsten Arbeitstag, der ein Werktag ist, die Arbeitsunfähigkeit aufgrund derselben Erkrankung ärztlich festgestellt wird. Samstage gelten ausnahmsweise nicht als Werktage.

Beispiel:

Ein Arzt hat die Arbeitsunfähigkeit eines Patienten bis einschließlich Freitag dokumentiert.

Theoretisch müsste der Patient spätestens am nächsten Werktag – also am Samstag – zum behandelnden Arzt, um das Fortdauern seiner Arbeitsunfähigkeit bestätigen zu lassen, und die Bescheinigung umgehend seiner gesetzlichen Krankenkasse vorlegen.

In der Regel arbeiten niedergelassene Ärzte aber nicht an einem Samstag. Vor dem GKV-Versorgungsstärkungsgesetz wäre somit eine rechtliche Lücke im Fortlauf des zu bescheinigenden Zeitraums eingetreten, die den Wegfall des Krankengeldes berechtigt hätte.

Seit dem GKV-Versorgungsstärkungsgesetz gilt der Samstag bei der Berücksichtigung der Fortdauer einer Arbeitsunfähigkeit nicht als Werktag. Der Sonntag ist ein gesetzlicher Feiertag, so dass es ausreicht, wenn die Folgebescheinigung am darauf folgenden Werktag, nämlich Montag, vom Arzt ausgestellt und umgehend an die gesetzliche Krankenkasse geschickt wird.

Wichtig: Achten Sie darauf, dass keine Lücke zwischen den Bescheinigungen des Arztes über die Arbeitsunfähigkeit eintritt. Eine Lücke führt automatisch zum Wegfall des Krankengeldanspruchs. Arbeitsunfähigkeitsbescheinigungen können nicht rückwirkend ausgestellt werden!

Praxis-Tipp:
Vergessen Sie nicht, jede vom Arzt bestätigte Arbeitsunfähigkeit/Auszahlschein für Ihre Akten zu kopieren. Durch die Kopie können Sie – bei Verlust der Bescheinigung auf dem Postweg – schnell und unkompliziert bestätigen, dass diese ordnungs- und fristgemäß ausgefüllt wurde und einer Auszahlung des Krankengeldes nichts im Wege steht.

Dauer des Krankengeldbezugs

Ein Krankengeldanspruch wegen derselben Erkrankung besteht längstens 78 Wochen. Auf diesen Zeitraum werden 6 Wochen Gehalt bzw. Lohn angerechnet, so dass nur noch ein regulärer Anspruch von 72 Wochen besteht.

Bestand innerhalb der letzten 3 Jahre, gerechnet vom Tag des Beginns der Arbeitsunfähigkeit, bereits eine Arbeitsunfähigkeit wegen derselben Erkrankung und wurde Krankengeld bezogen, wird dieser Zeitraum auf die 78 bzw. 72 Wochen angerechnet, das heißt davon abgezogen!

Außerdem wird der Zeitraum angerechnet, in dem wegen derselben Erkrankung während einer Rehabilitation Übergangsgeld vom Rentenversicherungsträger bezogen wurde. Kommt während der Arbeitsunfähigkeit eine weitere Krankheit hinzu, verlängert diese nicht den Bezug des Krankengelds (§ 48 SGB V).

Wichtig: Liegt der gesetzlichen Krankenkasse ein ärztliches Gutachten vor, wonach die Erwerbsfähigkeit erheblich gefährdet oder gemindert ist, kann die gesetzliche Krankenkasse eine Frist von 10 Wochen setzen, in der ein Antrag auf Rehabilitation gestellt werden muss. Gleiches gilt, wenn die Voraussetzung für den Rentenbezug erfüllt ist. Wird innerhalb dieser Frist kein Antrag gestellt, entfällt der Krankengeldanspruch mit Ablauf der Frist. Mithilfe dieses Verfahrens sollen rechtzeitig Rehabilitationsmaßnahmen bzw. Rentenanträge gestellt werden, um die gesetzlichen Krankenkassen zu entlasten.

Krankengeld für Selbstständige

Ist der Selbstständige bei einer privaten Krankenversicherung versichert, besteht ein Krankengeldanspruch nur, wenn dieser auch zusätzlich mit versichert wurde. Ob ein Anspruch auf Krankengeld besteht, erfahren Sie bei Ihrer privaten Krankenversicherung.

Ein gesetzlicher Anspruch auf Krankengeld kann bestehen, wenn der Selbstständige als freiwilliges Mitglied in der gesetzlichen Krankenversicherung mit Wahlleistung das Krankengeld mit versichert hat (Wahlerklärung). Die Wahlleistung auf Krankengeld ist nicht in allen Tarifen automatisch enthalten. Ob ein Anspruch auf Krankengeld besteht, erfahren Sie bei Ihrer gesetzlichen Krankenversicherung.

Arbeitslosengeld für Arbeitnehmer bei Krankheit

Allgemeine Informationen zum Arbeitslosengeld

Hat ein Krankenversicherter 78 Wochen (innerhalb von drei Jahren) wegen derselben Krankheit Krankengeld bezogen (gerechnet vom ersten Tag der Arbeitsunfähigkeit), wird er von der Krankenkasse nach Ablauf dieser Frist ausgesteuert, das heißt die Krankenkasse stellt die Zahlung des Krankengelds ein.

In der Regel informiert die Krankenversicherung den Versicherten rechtzeitig über das Auslaufen des Krankengelds und fordert ihn auf, einen Rehabilitationsantrag bzw. einen Rentenantrag oder Antrag auf Erwerbsminderungsrente zu stellen.

Sofern sie alle Voraussetzungen erfüllen, können ggf. auch arbeitslose Arbeitnehmer (mit und ohne geringfügiges Arbeitsverhältnis) einen Antrag auf Arbeitslosengeld stellen. Auch arbeitslose Antragsteller können unter Umständen Arbeitslosengeld beziehen, wenn sie vorher beispielsweise 12 Monate und mehr in einem sozialversicherungspflichtigen Arbeitsverhältnis waren, welches aufgrund von langer Krankheit/Fehlzeit gekündigt und gleichzeitig ein Antrag auf Erwerbsminderungsrente oder Rehabilitation gestellt wurde. In diesem Fall bestand erst ein Arbeitsverhältnis und Krankengeldbezug, ehe ggf. ein Anspruch auf Nahtlosigkeit besteht.

Um die Nahtlosigkeitsregelung in Anspruch nehmen zu können, ist Voraussetzung, dass der Antragsteller die erforderliche Anwartschaftszeit für das Arbeitslosengeld erfüllt hat. Das bedeutet, dass er innerhalb der letzten 2 Jahre vor Anspruchsbeginn die Versicherungszeiten von mindestens 12 Monaten nachweisen kann.

Beispiel:

Herr Schmitz hat einen Job und erkrankt schwer an Krebs. Dann wird Herrn Schmitz gekündigt. Er erhält weiter Krankengeld, bis es ausläuft. Anschließend kann der inzwischen arbeitslose Herr Schmitz Arbeitslosengeld nach der Nahtlosigkeitsregelung beantragen, wenn vorher ein Antrag auf Rehabilitation oder Erwerbsminderungsrente gestellt wurde.

„Arbeitslos" im Sinne des SGB III bedeutet, nicht nur vorübergehend nicht in einem Beschäftigungsverhältnis zu stehen. Derjenige, der Krankengeld bezieht, ist somit arbeitslos im Sinne des SGB III, kann aber kein Arbeitslosengeld erhalten, weil Krankengeld eine vorrangige Leistung gegenüber Arbeitslosengeld ist. § 145 SGB III fingiert dagegen die Anspruchsvoraussetzungen der Verfügbarkeit für den Arbeitsmarkt, da diese bei arbeitsunfähig Erkrankten nicht gegeben ist.

Die Agentur für Arbeit unterscheidet hier zwischen:

- Arbeitsuchendmeldung
- Arbeitslosmeldung

Arbeitsuchendmeldung

Der Antrag auf Arbeitsuchendmeldung muss persönlich bei der Bundesagentur für Arbeit gestellt werden, um Leistungen der Agentur für Arbeit in Anspruch zu nehmen. Eine gesetzliche Verpflichtung zur Arbeitsuchendmeldung ist grundsätzlich nicht an eine bestimmte Form gebunden und kann zur Fristwahrung telefonisch oder per E-Mail (spätestens 3 Monate vor Eintritt der Arbeitslosigkeit, bei kürzeren Kündigungsfristen 3 Tage nach Kenntnis über das Beschäftigungsende) erfolgen (§ 38 SGB III).

Arbeitslosmeldung

Der Antrag auf Arbeitslosmeldung muss persönlich spätestens am ersten Tag der Arbeitslosigkeit erfolgen (§ 141 SGB III). Eine verspätete Arbeitslosmeldung führt zu einem verspäteten Anspruchsbeginn, da sie Voraussetzung für den Arbeitslosengeldbezug ist. Im Fall der Verhinderung aus gesundheitlichen Gründen kann sich der Antragsteller durch einen Vertreter arbeitslos melden lassen (§ 145 Abs. 1 Satz 4 SGB III). Damit verhindert der Gesetzgeber eventuelle Benachteiligungen für Arbeitslose, die eine in Fällen des § 145 SGB III nur formale Voraussetzung für den Anspruch auf Arbeitslosengeld I wegen ihrer aktuellen gesundheitlichen Einschränkungen nicht erfüllen können. Der Antragsteller muss sich aber unverzüglich persönlich bei der Agentur für Arbeit arbeitslos melden, sobald der Grund der Verhinderung entfallen ist (§ 145 Abs. 1 SGB III).

Voraussetzungen für den Bezug von Arbeitslosengeld

Klären Sie bei Ihrem persönlichen Besuch bei der Dienststelle der Agentur für Arbeit, ob Sie die Voraussetzungen für einen Anspruch auf Arbeitslosengeld erfüllen.

Sind die Voraussetzungen gemäß § 147 SGB III erfüllt, erhalten Sie das Arbeitslosengeld I:

- vor Vollendung des 50. Lebensjahrs und je nach der Dauer der Versicherungspflichtverhältnisse bis zu 12 Monate
- nach Vollendung des 50. Lebensjahrs für 15 Monate
- nach Vollendung des 55. Lebensjahrs für 18 Monate
- nach Vollendung des 58. Lebensjahrs für 24 Monate

Nahtlosigkeitsregelung

Läuft die Zeit des Bezugs des regulären Arbeitslosengeldes I (ALG I) aus, würde der Patient regulär in das Arbeitslosengeld II (Hartz IV) fallen. Um dies zu verhindern, hat der Gesetzgeber die Nahtlosigkeitsregelung (§ 145 SGB III: Minderung der Leistungsfähigkeit) geschaffen. Die Nahtlosigkeitsregelung soll dauerhaft leistungsgeminderte Arbeitnehmer vor Nachteilen schützen, die aufgrund unterschiedlicher Zuständigkeiten der Kranken-, Renten- und Arbeitslosenversicherung auftreten können.

Der Anspruch auf Leistungen aus der Nahtlosigkeitsregelung kann aufgrund eines bestehenden oder gekündigten Arbeitsverhältnisses bestehen. Das Arbeitslosengeld I kann durch die Nahtlosigkeitsregelung bis zum Abschluss des Rentenverfahrens oder einer Beendigung einer Rehabilitationsmaßnahme gezahlt werden. Leistungen aus der Nahtlosigkeitsregelung können beispielweise in folgenden Fällen bezogen werden (sofern die hierfür geltenden Voraussetzungen erfüllt sind):

- für den Zeitraum zwischen dem Auslaufen von Krankengeld (Aussteuerung) und Beginn einer bereits beantragten Rehabilitationsmaßnahme, sofern diese Maßnahme bereits vor dem Bezugszeitraum beantragt wurde, oder
- für den Zeitraum zwischen dem Auslaufen von Krankengeld (Aussteuerung) und bis zur Beendigung des Rentenverfahrens (Bescheid oder Entscheidung des Widerspruchs- bzw. Klageverfahrens) für eine Erwerbsminderungsrente, sofern diese Erwerbsminderungsrente bereits vor dem Bezugszeitraum beantragt wurde, oder
- bei Ablaufen einer befristeten Erwerbsminderungsrente, wenn vor Ablauf ein Antrag auf Verlängerung beim Rentenversicherungsträger gestellt wurde.

Vorbereitung eines Antrags auf Arbeitslosengeld

Für den Termin bei der Agentur für Arbeit benötigen Sie umfangreiche Unterlagen, teilweise für den Arbeitsuchendantrag, teilweise für den Arbeitslosenantrag (Arbeitslosengeld).

Beide Anträge können zeitgleich gestellt werden.

Ohne einen gestellten Arbeitsuchendantrag gibt es kein Arbeitslosengeld, auch wenn Sie krankheitsbedingt nicht vermittelbar sind. Damit der Ablauf der Antragstellung effektiv abläuft, empfehlen sich folgende Vorbereitungen:

Checkliste: Arbeitslosengeldantrag

- Überprüfen Sie, ob Ihnen der Auszug der ELStAM vorliegt. Falls nicht, fordern Sie diesen bei Ihrem zuständigen Finanzamt an.
- Waren Sie schon einmal arbeitslos bzw. arbeitsuchend und gibt es aus dieser Zeit bereits eine Kundennummer? Falls ja, wird diese ebenfalls benötigt.
- Bitten Sie Ihre gesetzliche Krankenkasse um Übersendung einer aktuellen Bescheinigung Ihrer Mitgliedschaft.
- Notieren Sie sich Ihre Bankverbindung (IBAN und BIC).
- Erstellen bzw. aktualisieren Sie Ihren Lebenslauf.
- Kopieren Sie folgende Unterlagen für den Antragstermin (je eine Kopie für die Agentur für Arbeit und je eine Kopie für Ihre Unterlagen, damit Sie während der Gespräche darauf zurückgreifen können):
  - letztes Arbeitszeugnis
  - aktueller oder letzter Arbeitsvertrag
  - Gehaltsnachweise der letzten 12 Monate
  - Arbeitsnachweise (eventuell Gesellen-/Facharbeiterbrief, Führerschein, Gesundheitspass, falls diese berufsbedingt erforderlich sind, etc.)
  - bei Rentenverlängerung (der Erwerbsminderungsrente): bisheriger Rentenbescheid
  - bei befristeten Verträgen: Arbeitsvertrag, falls dieser inzwischen ausgelaufen ist
  - ggf. Kündigungsschreiben des Arbeitgebers
  - ggf. Verträge über einen Teleheimarbeitsplatz, Leistungsminderung etc.
  - ggf. Schwerbehindertenausweis (auch, wenn dieser aufgrund Ihrer nunmehrigen Krebserkrankung noch nicht den aktuellen Grad der Behinderung berücksichtigt)
  - bei Gleichstellung mit schwerbehinderten Menschen: entsprechende Unterlagen

Wichtig: Diese Aufzählung dient zur Orientierung und kann je nach Einzelfall variieren und ggf. unvollständig sein.

Sinnvoll ist es, einen eigenen schmalen Aktenordner zu diesem Thema anzulegen, den Sie durch Trennblätter in folgende Themen gliedern:

- Arbeitsuchendmeldung
  - Unterlagen für die Agentur für Arbeit
  - eigene Kopien der Unterlagen für die Agentur für Arbeit
- Arbeitslosmeldung
  - Unterlagen für die Agentur für Arbeit
  - eigene Kopien der Unterlagen für die Agentur für Arbeit
- Bescheid über Arbeitslosengeld

Lohnender Aufwand:

Eventuell müssen Sie zu einem späteren Zeitpunkt nochmals auf die nachfolgenden Unterlagen zurückgreifen. Dies kann der Fall sein, wenn Ihnen eine befristete Erwerbsminderungsrente zuerkannt wurde und Sie eventuell in 2 bis 3 Jahren einen Antrag auf Verlängerung der Erwerbsminderungsrente stellen möchten. Die gesammelten Unterlagen benötigen Sie für einen erneuten Antrag auf Arbeitslosengeld, welches Ihnen nach der ersten Befristung der Erwerbsminderungsrente unter Umständen zusteht. Die Voraussetzungen für einen Anspruch auf Arbeitslosengeld I können weiter bestehen, sofern Sie die Versicherungspflichtzeiten in den letzten 5 Jahren erfüllt haben.

Klären Sie die Erfüllung der Voraussetzungen vor Ablauf der befristeten Erwerbsminderungsrente mit der Agentur für Arbeit ab. Aus Datenschutzgründen werden alle Daten nichtaktiver Kunden bei der Agentur für Arbeit nach etwa 8 Monaten gelöscht, so dass alle Angaben und Unterlagen erneut gemacht und vorgelegt werden müssen.

Was nimmt man zum Termin bei der Agentur für Arbeit mit?

Nehmen Sie zu diesem Termin folgende Unterlagen mit:

- Personalausweis mit aktueller Meldeadresse oder Pass mit Anmeldebescheinigung (ersatzweise Lichtbildausweis mit polizeilicher Anmeldung/Anmeldebestätigung)
- Sozialversicherungsnummer
- ggf. Kundennummer der Agentur für Arbeit (sofern Sie bereits einmal arbeitsuchend/arbeitslos waren)
- Bankverbindung (IBAN- und BIC-Nummer)
- Auszug der ELStAM – Elektronischen Lohnsteuerabzugsmerkmale (sofern nicht vorhanden, erhältlich bei dem für Sie zuständigen Finanzamt)
- Kopie des letzten Arbeitszeugnisses
- Kopien der Gehaltsnachweise der letzten 12 Monate
- Kopie des aktuellen oder letzten Arbeitsvertrags
- bei befristeten Verträgen Kopie des Arbeitsvertrages (falls dieser inzwischen ausgelaufen ist: Bescheinigung Ihrer Krankenversicherung über Ihre aktuelle Mitgliedschaft)
- Arbeitsbescheinigung des letzten Arbeitgebers (das Formular erhalten Sie von der Agentur für Arbeit, falls Sie es nicht bereits vorliegen haben)
- Kopien über Arbeitsnachweise (eventuell Gesellen-/Facharbeiterbrief, Führerschein, Gesundheitspass etc.)
- aktuelle Version Ihres Lebenslaufs
- bei Rentenverlängerung der Erwerbsminderungsrente Kopie des bisherigen Rentenbescheides
- ggf. Kopie der Verträge über einen Teleheimarbeitsplatz, Leistungsminderung etc.
- ggf. Kopie des Kündigungsschreibens des Arbeitgebers
- ggf. eine Kopie des aktuellen Schwerbehindertenausweises (auch dann, wenn dieser aufgrund Ihrer nunmehrigen Krebs-

erkrankung noch nicht den aktuellen Grad der Behinderung berücksichtigt)

- bei Gleichstellung mit schwerbehinderten Menschen: entsprechende Unterlagen

Ausländische Mitbürger sollten darüber hinaus folgende Unterlagen mitbringen:

- Reisepass und Meldebescheinigung oder andere Ausweisdokumente über den gültigen Aufenthalt
- ggf. letzte Arbeitserlaubnis

Oftmals ist bei der Agentur für Arbeit mit längeren Wartezeiten zu rechnen. Entsprechend sollten Sie mehr Zeit einplanen und sich – falls benötigt – folgende Sachen einpacken:

- eventuell notwendige Medikamente
- Getränk oder Mahlzeit zur Medikamenteneinnahme
- ggf. Insulin/Blutzuckermessgerät
- ggf. Inkontinenzversorgung
- Lesematerial

Bei drohendem Fristablauf nehmen Sie den Termin bei der Agentur für Arbeit notfalls auch ohne die fehlenden Unterlagen wahr, die Sie dann aber schnellstmöglich (vorzugsweise persönlich) nachreichen müssen.

Praxis-Tipp:

- Erstellen Sie von allen – auch nachgereichten – Unterlagen für die Agentur für Arbeit grundsätzlich eine Kopie für Ihre Akten.
- Gelegentlich gehen Unterlagen auf dem Postweg verloren. Da es sich beim Antrag auf Arbeitslosengeld um existenziell wichtige Unterlagen handelt, ist eine persönliche Abgabe der erforderlichen Unterlagen bei der Agentur für Arbeit empfehlenswert. Lassen Sie sich die Übergabe bei der Agentur für Arbeit auf der Kopie für Ihre Unterlagen schriftlich per Eingangsstempel bestätigen. Nur so können Sie jederzeit nachweisen, dass Sie Ih-

ren Verpflichtungen nachgekommen sind und das Fehlen von Unterlagen nicht selbst verschuldet haben, was ggf. finanzielle Kürzungen des Arbeitslosengelds zur Folge haben kann.

Antragstellung

Für das Ausfüllen der Anträge auf Arbeitsuchendmeldung und Arbeitslosengeld benötigen Sie die Informationen auf den mitgebrachten Unterlagen.

Praxis-Tipp:

Eine gute Vorbereitung erspart Ihnen viel Zeit beim Ausfüllen der Anträge!

Sofern bei Ihnen bereits vor Eintritt Ihrer Krebserkrankung eine Schwerbehinderung festgestellt wurde oder bereits eine aktuelle Feststellung oder Erhöhung der Schwerbehinderung nach Eintritt der Krebserkrankung erfolgt ist, sollten Sie dies auf dem Antrag angeben. In diesem Fall haben Sie meistens einen Sachbearbeiter, der ausschließlich für schwerbehinderte Antragsteller zuständig ist.

In der Regel werden Sie von der Agentur für Arbeit weitere Formulare erhalten, die Sie von Ihrem (ehemaligen) Arbeitgeber ausfüllen lassen müssen. Sorgen Sie dafür, dass alle erforderlichen Unterlagen schnellstmöglich bei der Agentur für Arbeit vollständig vorliegen. Bedenken Sie, dass die Agentur für Arbeit Zeit für die Berechnung des Arbeitslosengelds benötigt.

Sollte ein Widerspruch gegen den Bescheid des Arbeitslosengelds in Bezug auf die Höhe des Arbeitslosengelds erforderlich sein, könnte die Korrekturberechnung bereits in den Bezugszeitraum einfließen. Das hätte zur Folge, dass Sie unter Umständen vorerst einen zu niedrigen oder zu hohen Betrag des Arbeitslosengelds erhalten. Zwar wird zu wenig Arbeitslosengeld zu einem späteren Zeitpunkt – nach der Korrekturberechnung – nachgezahlt. Allerdings müssen Sie bis zu diesem Zeitpunkt mit einem niedrigen Betrag für Ihren Lebensunterhalt auskommen.

Den gleichen Effekt hätte zu viel gezahltes Arbeitslosengeld, da dieses mit dem weiteren Bezug des Arbeitslosengelds verrechnet würde und Ihnen dann unter Umständen im kommenden Abrechnungszeitraum wesentlich weniger Arbeitslosengeld zur Verfügung stünde, um die Lebenshaltungskosten zu decken.

Ärztliche Begutachtung

Die Agentur für Arbeit hat das Recht, einen ärztlichen Gutachter zu beauftragen, der Ihre Leistungsfähigkeit beurteilt, sofern eine Leistungsminderung bis zu 6 Monaten vorliegt (§ 62 SGB I). Dies erfolgt meistens, sobald Sie Arbeitslosengeld I beantragen und von der Krankenkasse ausgesteuert worden sind.

Wichtig: Sie haben eine Mitwirkungspflicht zur ärztlichen Begutachtung, das heißt, Sie müssen sich der Begutachtung unterziehen. Kommen Sie dieser Mitwirkungspflicht nicht nach, ruht der Anspruch auf Arbeitslosengeld.

Bringen Sie alle wichtigen Befundunterlagen (Arzt-/Krankenhausentlassungsbefunde etc.) mit, die Ihre Erkrankung und Leistungsminderung bzw. -unfähigkeit belegen. Sofern bereits vor der Erkrankung schwerbehinderungsbedingt ein Teleheimarbeitsplatz oder eine Leistungsminderung bestand, bringen Sie auch die Vereinbarungen/Verträge mit dem (auch ggf. ehemaligen) Arbeitgeber hierzu mit.

Der Gutachter kann zu drei verschiedenen Ergebnissen kommen:

- **Volle Leistungsminderung:** Der Gutachter stellt eine volle Leistungsminderung fest, das heißt, Sie sind nicht arbeitsfähig. Die Agentur für Arbeit kann Sie auffordern, einen Rehabilitationsantrag oder Antrag auf Erwerbsminderungsrente zu stellen, sofern das noch nicht geschehen ist. Kommen Sie dem nicht nach, wird Ihnen das Arbeitslosengeld I nach Ablauf der Frist gestrichen. Erfüllen Sie Ihre Mitwirkungspflicht und alle Voraussetzungen, erhalten Sie Arbeitslosengeld I.
- **Befristete Leistungsminderung:** Der Gutachter stellt eine Leistungsminderung fest, die voraussichtlich nicht länger als

6 Monate anhält. In diesem Fall haben Sie keinen Anspruch auf Arbeitslosengeld I, sondern nur auf Arbeitslosengeld II (Hartz IV).

- **Geringe Leistungsminderung:** Der Gutachter stellt eine geringe Leistungsminderung fest, die es dennoch ermöglicht, eine Tätigkeit auszuüben. In diesem Fall können Sie Arbeitslosengeld I erhalten, wenn Sie der Agentur für Arbeit zur Vermittlung zur Verfügung stehen. Diese sucht dann für Sie eine leidensgerechte neue Tätigkeit.

Arbeitslosengeld/Bewilligungsbescheid

Nachdem Sie alle erforderlichen Unterlagen bei der Agentur für Arbeit eingereicht haben, erhalten Sie nach der Bearbeitungszeit einen Bewilligungsbescheid über die Höhe Ihres Anspruchs auf Arbeitslosengeld.

Praxis-Tipp:

Kontrollieren Sie die Berechnung genau. Es ist durchaus möglich, dass sich ein Berechnungsfehler eingeschlichen hat. In diesem Fall können Sie innerhalb von 1 Monat, nachdem Ihnen der Bescheid zugestellt worden ist, schriftlich Widerspruch einreichen. Versenden Sie den schriftlichen Widerspruch mit Begründung per Einschreiben mit Rückschein.

Sofern Sie Hilfe bei der Berechnung oder Begründung des Widerspruchs benötigen, können Sie sich juristischen Rat bei einem Anwalt für Sozialrecht oder – bei bestehender Mitgliedschaft – bei einem Sozialverband holen (z. B. Sozialverband VdK e. V.). Diese übernehmen bei Mandatsübertragung (Auftrag) auch die Erstellung des Widerspruchs und dessen Zustellung.

Übergangsgeld (§§ 20 und 21 SGB VI)

In vielen Fällen wird bei einer Krebserkrankung das Übergangsgeld während einer Rehabilitationsmaßnahme von den gesetzlichen Rentenversicherungen gezahlt, sofern Sie die versicherungsrechtlichen Voraussetzungen erfüllen. Eine weitere Voraussetzung für den Erhalt von Übergangsgeld ist, dass der Antragsteller vor Antritt der Rehabilitationsmaßnahme Krankengeld oder Arbeitslosengeld I bezieht.

Bezieht der Antragsteller dagegen Arbeitslosengeld II (Hartz IV), wird dieses für den Zeitraum der Rehabilitationsmaßnahme auch weiter gezahlt. Eine interne Erstattung zwischen der Agentur für Arbeit und der Rentenversicherung erfolgt nach Abschluss der Maßnahme.

Mit dem Bewilligungsbescheid für eine Maßnahme erhalten Sie die Antragsformulare für das Übergangsgeld. Bei Bezug von Krankengeld muss ein Teil des Antrags von der gesetzlichen Krankenkasse, bei Bezug von Arbeitslosengeld von der Agentur für Arbeit ausgefüllt werden. Damit das Übergangsgeld auch zeitnah überwiesen werden kann, ist es wichtig, das Antragsformular und das Formular, welches die Krankenversicherung oder die Agentur für Arbeit ausfüllen müssen, zeitnah zurückzuschicken.

Das Übergangsgeld wird für die Zeit der Rehabilitationsmaßnahme gezahlt, maximal aber 6 Wochen.

Wichtig: Das Übergangsgeld wird nur bei aktiver Teilnahme an der Rehabilitationsmaßnahme oder bei entschuldigtem Fehlen gezahlt.

Praxis-Tipp:

Informieren Sie sich bei Ihrer Renten- oder Krankenversicherung, ob und ggf. in welcher Höhe Ihnen Übergangsgeld zusteht.

Feststellung einer Schwerbehinderung

Warum ist es sinnvoll, zeitnah einen Feststellungsantrag zu stellen?

An Krebs erkrankte Menschen haben in der Regel einen Anspruch auf Anerkennung einer Schwerbehinderung. Wer an Krebs erkrankt, sollte auf jeden Fall einen Antrag auf Schwerbehinderung stellen. Wurde vom Versorgungsamt bereits vor der Krebserkrankung eine Behinderung festgestellt, ist ein Änderungsantrag (umgangssprachlich „Verschlechterungsantrag“) notwendig. Auch dieser sollte zeitnah gestellt werden.

Wichtig: Insbesondere für Menschen, die noch im Berufsleben stehen, kann die Feststellung einer Schwerbehinderung von besonderer Bedeutung sein!

Leider gibt es immer wieder Arbeitgeber, die eine Krebserkrankung eines Mitarbeiters zum Anlass nehmen, das Arbeitsverhältnis eines kranken Mitarbeiters zu kündigen. Der besondere Kündigungsschutz für schwerbehinderte Menschen gilt ab einem Grad der Behinderung (GdB) von 50.

Aber auch Menschen, bei denen noch keine Schwerbehinderung mit einem Grad der Behinderung (GdB) von 50 anerkannt wurde, haben unter bestimmten Voraussetzungen Kündigungsschutz, nämlich dann, wenn

- ein Antrag auf Feststellung einer Schwerbehinderung bei der zuständigen Versorgungsbehörde gestellt wurde,
- im laufenden Schwerbehindertenverfahren Widerspruch gegen einen Bescheid/Ablehnungsbescheid zur Feststellung einer Schwerbehinderung eingereicht wurde,
- behinderte Menschen (ab einem Grad der Behinderung von 30, aber weniger als 50) einen Antrag auf Gleichstellung bei der zuständigen Agentur für Arbeit gestellt haben

und die Abgabe des Antrags bereits vor 3 Wochen erfolgt ist.

Das bedeutet konkret: Ab der 4. Woche nach Abgabe des Antrags/Widerspruchs – auch wenn bis zu diesem Zeitpunkt noch keine Schwerbehinderung oder Gleichstellung festgestellt wurde – besteht ein Kündigungsschutz!

Diese Wartefrist von 3 Wochen, um einen Kündigungsschutz nach Antragstellung zu erhalten, hat der Gesetzgeber eingeführt, um einen Missbrauch von Antragstellern zu unterbinden.

Detaillierte Informationen zum Thema Kündigungsschutz finden Sie unten im Abschnitt „Nachteilsausgleiche am Arbeitsplatz".

Menschen, die noch im Arbeitsleben stehen und ggf. unter einer weiteren schweren Erkrankung leiden, sollten sich intensiv mit dem Thema Schwerbehinderung befassen, da es unter Umständen erhebliche Erleichterungen für sie geben kann, z. B. in Form von geförderten Arbeitshilfen wie etwa behindertengerechte Stühle, höhenverstellbare Schreibtische, Hebehilfen und vieles mehr, aber auch Sonderurlaub, bei Bedarf zusätzliche Erholungszeiten während der Arbeitszeit und vieles mehr!

Menschen mit Behinderungen haben meist erhebliche Nachteile im Privat- und Berufsleben, beispielsweise durch hohe Zuzahlungen bei Medikamenten, Rehabilitationsmaßnahmen, ärztlichen Behandlungen, die keine Kassenleistung sind etc., weshalb der Gesetzgeber die sog. umgangssprachlichen Vergünstigungen als Nachteilsausgleich deklariert hat.

Im Berufsleben erleiden kranke und schwerbehinderte Menschen ebenfalls häufig Nachteile. Um sich vor ggf. eintretenden Nachteilen oder den Verlust seines Arbeitsplatzes schützen zu können, ist es wichtig, dass die Schwerbehinderung festgestellt wird. Ein Arbeitgeber muss nicht in jedem Fall unbedingt über das Bestehen einer Schwerbehinderung informiert werden, siehe dazu im Abschnitt „Nachteilsausgleich am Arbeitsplatz" → „Arbeitgeber über Schwerbehinderung informieren oder nicht?"

Allgemeine Informationen zur Schwerbehinderung

Umgangssprachlich spricht man häufig von einer Behinderung in Prozenten (Beispiel: *„Ich habe 50 Prozent Schwerbehinderung."*). Diese Angabe ist aber nicht korrekt. Bei einer Behinderung bzw. Schwerbehinderung wird der Grad der Behinderung (GdB) als Maßeinheit bezeichnet. In unserem Beispiel würde es dann korrekt heißen: *„Ich habe einen GdB (Grad der Behinderung) von 50."*

Weiterhin unterscheidet man zwischen einer Behinderung (GdB weniger als 50), für die kein besonderer Ausweis ausgestellt wird, und einer Schwerbehinderung (ab einem GdB von 50), für die ein Schwerbehindertenausweis ausgestellt wird.

Für die Feststellung einer Schwerbehinderung ist es unwichtig, ob die gesundheitliche Beeinträchtigung/Behinderung angeboren, Folge eines Unfalls oder einer Krankheit ist. Alterstypische Beeinträchtigungen finden keine Berücksichtigung.

Für eine Krebserkrankung wird in den meisten Fällen eine Schwerbehinderung mit einem Grad der Behinderung (GdB) von 50 bis 80 alleine für die Krebserkrankung anerkannt.

Wichtig: Ein weit verbreiteter Irrtum besteht darin, dass viele Menschen glauben, es gäbe für jede Erkrankung einen GdB (Grad der Behinderung). Im Schwerbehindertenrecht werden ausschließlich Erkrankungen berücksichtigt, die den Menschen in seinem Leben auch tatsächlich massiv einschränken oder behindern.

Menschen mit Behinderungen sind nach § 2 Abs. 1 SGB IX Menschen, die körperliche, seelische, geistige oder Sinnesbeeinträchtigungen haben, die sie in Wechselwirkung mit einstellungs- und umweltbedingten Barrieren an der gleichberechtigten Teilhabe an der Gesellschaft mit hoher Wahrscheinlichkeit länger als 6 Monate hindern können. Eine solche Beeinträchtigung liegt vor, wenn der Körper- und Gesundheitszustand von dem für das Lebensalter typischen Zustand abweicht.

Menschen sind von Behinderung bedroht, wenn eine solche Beeinträchtigung zu erwarten ist. Menschen sind gemäß § 2 Abs. 2 SGB IX schwerbehindert, wenn bei ihnen ein Grad der Behinderung von wenigstens 50 vorliegt und sie ihren Wohnsitz, ihren gewöhnlichen Aufenthalt oder ihre Beschäftigung auf einem Arbeitsplatz rechtmäßig im Geltungsbereich des SGB IX, also in der Bundesrepublik Deutschland, haben.

Bei der Feststellung einer Schwerbehinderung werden alle vorhandenen Beeinträchtigungen in § 152 SGB IX (Feststellung der Behinderung, Ausweise) berücksichtigt.

Der Grad der Behinderung (GdB) wird nach Zehnergraden festgestellt (20 bis 100). Es gibt einen Gesamt-GdB und einen Einzel-

GdB. Bei Mehrfachbehinderungen wird aus verschiedenen Einzel-GdBs ein Gesamt-GdB gebildet, der im Feststellungsbescheid (so wird der Bescheid über eine Schwerbehinderung bezeichnet) des Versorgungsamts festgestellt wird.

Beispiel:

Herr Mustermann ist an Krebs erkrankt. Daneben hat er eine weitere Erkrankung. Für die Krebserkrankung erkennt ihm das Versorgungsamt einen GdB von 50 (Einzel-GdB) und für die zusätzliche Erkrankung einen GdB von 10 (Einzel-GdB) zu.

Bei der Berechnung der Gesamt-Summe des Grades der Behinderung wird hier nicht – wie in der Mathematik – addiert. Einzelne 10-GdBs finden in der Regel keine Berücksichtigung und Herr Mustermann würde in diesem Beispiel einen Gesamt-GdB von 50 zuerkannt bekommen.

Wichtig: Warum werden nicht alle festgestellten Einzel-GdBs berücksichtigt? Würde man grundsätzlich alle Einzel-GdBs addieren, käme man unter Umständen über einen GdB von 100. Mehr als ein Gesamt-GdB von 100 ist aber nicht möglich.

Die Beurteilung, ob eine Schwerbehinderung vorliegt, basiert auf der Versorgungsmedizin-Verordnung (VersMedV), in der die versorgungsmedizinischen Grundsätze verankert sind. Diese finden Sie unter: https://www.versorgungsmedizinische-grundsaetze.de/

Steuerfreibetrag (§ 33b EStG)

Bei Feststellung einer Schwerbehinderung gewährt der Gesetzgeber einen Steuerpauschbetrag.

Auch behinderte Menschen mit einem GdB weniger als 50, aber mindestens 25, erhalten bei Vorliegen weiterer hierfür erforderlicher Voraussetzungen (z. B. Rentenbezug wegen der Behinderung, aber auch bei dauernder Einbuße der körperlichen Beweglichkeit oder einer typischen Berufskrankheit) Pauschbeträge.

Die Höhe ergibt sich in Abhängigkeit vom Grad der Behinderung aus folgender Tabelle:

Grad der Behinderung (GdB)	Steuerpauschbetrag
25 und 30	310 EUR
35 und 40	430 EUR
45 und 50	570 EUR
55 und 60	720 EUR
65 und 70	890 EUR
75 und 80	1.060 EUR
85 und 90	1.230 EUR
95 und 100	1.420 EUR

Hinweis:
Die steuerliche Einteilung erfolgt hier nach 5er-Stufen, auch wenn im Behindertenrecht inzwischen Zehnerstufen gelten.

Es ist jedes Jahr abzuwägen, ob die Anrechnung über den behinderungsbedingten Pauschbetrag oder über die Einzelabrechnung sinnvoller ist.

Behinderungsbedingte typische Kosten sind beispielsweise Kosten für

- Medikamente,
  - Zuzahlungen für Medikamente,
  - ärztlich verordnete, nichtverschreibungspflichtige Medikamente auf grüner Rezeptverordnung,
  - verschreibungspflichtige, aber nicht erstattungsfähige Medikamente und Medizinprodukte,
- Hilfsmittel sowie dafür fällige Zuzahlungen,
- ggf. erhöhter Wäschebedarf,
- nicht erstattungsfähige Arztrechnungen,
- ärztlich verordnete Hilfsmittel.

Beispiel:

Bei einem schwerbehinderten Menschen wurde ein GdB von 100 festgestellt. Damit steht ihm ein steuerlicher Freibetrag von 1.420 Euro jährlich zu.

Betragen beispielsweise die Kosten im letzten Jahr mehr als 1.420 Euro, so ist hier sicherlich die Einzelabrechnung sinnvoller. Diese können Sie dann bei den außergewöhnlichen Belastungen ansetzen. Allerdings wirken sich diese Kosten in der Steuererklärung nur aus, wenn Sie die „zumutbare Belastungsgrenze" überschreiten. Liegen die Kosten unter 1.420 Euro, wäre das Ansetzen der Steuerpauschale sinnvoller.

Weiterhin können Sie in der Steuererklärung folgende Kosten geltend machen:

- außerordentliche Krankheitskosten wie Zuzahlungen und Kosten (ggf. nicht erstattete Fahrtkosten) für eine Rehabilitation/Anschlussheilbehandlung sowie nicht erstattete Fahrt- und Arztkosten,
- Kosten für eine Haushaltshilfe, sofern diese behinderungsbedingt/krankheitsbedingt notwendig ist,
- Ausgaben für Pflegebedürftigkeit wie Betreuungskosten/Pflegekosten,
- behinderungsbedingte Umbaukosten, sofern diese Kosten nicht oder nur anteilig von der Pflegeversicherung übernommen werden.

Praxis-Tipp:

Lassen Sie sich hier ausführlich steuerlich beraten.

Merkzeichen und Nachteilsausgleiche

In den Versorgungsmedizinischen Grundsätzen wird nicht nur geregelt, für welche Erkrankung und welchen Schweregrad der Erkrankung welcher GdB festgestellt werden soll, sondern auch die

Voraussetzungen für Merkzeichen, welche ebenfalls festgestellt und auf dem Schwerbehindertenausweis eingetragen werden.

Vermutlich sind für die Mehrzahl der an Krebs erkrankten Patienten die Merkzeichen nicht relevant. Insbesondere für ältere Patienten oder Patienten im fortgeschrittenen Krankheitsstadium können diese aber durchaus interessant sein oder werden. Vor diesem Hintergrund möchte ich die Voraussetzungen und Nachteilsausgleiche aller Merkzeichen hier aufführen, da diese bei Vorliegen der Voraussetzungen zeitgleich mit einem Antrag auf Schwerbehinderung im Antragsformular beantragt werden müssen.

Es gibt folgende Merkzeichen, deren Vergabe in §§ 2 und 3 der Schwerbehindertenausweisverordnung (SchwbAwV) geregelt sind:

- Merkzeichen **„aG"** – außergewöhnliche Gehbehinderung
- Merkzeichen **„B"** – Begleitung
- Merkzeichen **„Bl"** – Blindheit
- Merkzeichen **„G"** – Gehbehinderung
- Merkzeichen **„Gl"** – Gehörlosigkeit
- Merkzeichen **„H"** – Hilflosigkeit
- Merkzeichen **„RF"** – Befreiung oder Reduzierung der „Rundfunkgebühr"/Beitragsservice ARD, ZDF und Deutschlandradio
- Merkzeichen **„TBl"** – Taubblindheit
- Merkzeichen **„VB"** – Versorgungsberechtigung nach dem Soldatenversorgungsgesetz, dem Opferentschädigungsgesetz oder einem anderen Nebengesetz zum BVG wegen eines Grades der Schädigungsfolgen (GdS) von wenigstens 50
- Merkzeichen **„EB"** – Minderung der Erwerbsfähigkeit (MdE) von wenigstens 50; der Inhaber erhält Entschädigung nach § 28 des Bundesentschädigungsgesetzes
- **1. Kl.** – Bahnfahrten in der 1. Klasse mit Fahrausweis der 2. Wagenklasse

Wichtig: Bei der Feststellung von Merkzeichen orientieren sich die Versorgungsbehörden am exakten Wortlaut der Versorgungsmedizin-Verordnung bzw. den Versorgungsmedizinischen Grundsätzen.

Daher führe ich den Wortlaut der Versorgungsmedizin-Verordnung bzw. der Versorgungsmedizinischen Grundsätze bei den jeweiligen Merkzeichen mit auf. Nur so können Sie direkt erkennen, ob Sie die Voraussetzungen der Versorgungsmedizin-Verordnung für das jeweilige Merkzeichen erfüllen.

Merkzeichen „aG" außergewöhnliche Gehbehinderung

Mit dem Merkzeichen „aG" können Sie derzeit folgende Nachteilsausgleiche in Anspruch nehmen:

- Kfz-Steuerbefreiung **und**
- unentgeltliche Beförderung im öffentlichen Personenverkehr.

Durch die erste am 30.12.2016 in Kraft getretene Stufe des Bundesteilhabegesetzes wurde folgende Regelung für schwerbehinderte Menschen mit einer außergewöhnlichen Gehbehinderung eingefügt:

§ 229 Abs. 3 SGB IX:

„(3) [1]Schwerbehinderte Menschen mit außergewöhnlicher Gehbehinderung sind Personen mit einer erheblichen mobilitätsbezogenen Teilhabebeeinträchtigung, die einem Grad der Behinderung von mindestens 80 entspricht. [2]Eine erhebliche mobilitätsbezogene Teilhabebeeinträchtigung liegt vor, wenn sich die schwerbehinderten Menschen wegen der Schwere ihrer Beeinträchtigung dauernd nur mit fremder Hilfe oder mit großer Anstrengung außerhalb ihres Kraftfahrzeuges bewegen können. [3]Hierzu zählen insbesondere schwerbehinderte Menschen, die auf Grund der Beeinträchtigung der Gehfähigkeit und Fortbewegung – dauerhaft auch für sehr kurze Entfernungen – aus medizinischer Notwendigkeit auf die Verwendung eines Rollstuhls angewiesen sind. [4]Verschiedenste Gesundheitsstörungen (insbesondere Störungen bewegungsbezogener, neuromuskulärer oder mentaler Funktionen, Störungen des kardiovaskulären oder Atmungssystems) können die Gehfähigkeit erheblich beeinträchtigen. [5]Diese sind als außergewöhnliche Gehbehinderung anzusehen, wenn nach versorgungsärztlicher Feststellung die Auswirkung der Gesundheitsstörungen sowie deren Kombination auf die Gehfähigkeit dauerhaft so schwer ist, dass sie der unter Satz 1 genannten Beeinträchtigung gleich kommt."

Damit ist für die Vergabe des Merkzeichens „aG“ entscheidend, ob die Auswirkungen einer Gesundheitsstörung in Wechselwirkung mit vorhandenen Barrieren im Einzelfall zur Beeinträchtigung der Teilhabe am Leben in der Gesellschaft und somit zu einer Behinderung führen. Das Merkzeichen „aG“ soll dann nicht nur bei einer Beeinträchtigung der Beine, sondern auch bei einer Störung der Herztätigkeit, der Lungenfunktion, neurologischen Beeinträchtigungen, weiteren Gesundheitsstörungen oder in einer Kombination derselben begründet sein.

Die Neuregelung übernimmt den bewährten geltenden Grundsatz, dass das Recht, Behindertenparkplätze zu benutzen, nur unter engen Voraussetzungen eingeräumt werden darf.

Merkzeichen „B“ Begleitung

Gemäß § 229 Abs. 2 SGB IX sind schwerbehinderte Menschen, die bei der Benutzung von öffentlichen Verkehrsmitteln infolge ihrer Behinderung regelmäßig auf Hilfe angewiesen sind, zur Mitnahme einer Begleitperson berechtigt. Das Merkzeichen „B“ berechtigt daher zur kostenlosen Mitnahme einer Begleitperson im öffentlichen Personennahverkehr (ÖPNV) und Fernverkehr. Zum öffentlichen Nahverkehr zählen Busse, S-Bahnen, U-Bahnen, Straßenbahnen und Nahverkehrszüge der Deutschen Bahn deutschlandweit. Weiterhin zählen hierzu teilweise auch (Auto-) Fähren.

Um den Nachteilsausgleich „B“ Begleitung in Anspruch zu nehmen, ist es *nicht* notwendig, dass der schwerbehinderte Mensch selbst über eine gültige Wertmarke verfügt. Außerdem bedeutet das Merkzeichen „B“ nicht, dass Menschen mit Behinderung öffentliche Verkehrsmittel nie alleine benutzen können/dürfen (LSG Berlin, Urteil vom 19.11.1991, Az. L 13 Vs 5/90).

Zur Berechtigung führen die Versorgungsmedizinischen Grundsätze in Teil D Nr. 2 aus:

> **„2. Berechtigung für eine ständige Begleitung (Merkzeichen B)**
>
> a) Für die unentgeltliche Beförderung einer Begleitperson ist nach dem SGB IX die Berechtigung für eine ständige Begleitung zu beurteilen. Auch bei Säuglingen und Kleinkindern ist die gutachtliche Beurteilung der Berechtigung für eine ständige Begleitung erforderlich.

Für die Beurteilung sind dieselben Kriterien wie bei Erwachsenen mit gleichen Gesundheitsstörungen maßgebend. Es ist nicht zu prüfen, ob tatsächlich diesbezügliche behinderungsbedingte Nachteile vorliegen oder behinderungsbedingte Mehraufwendungen entstehen.

b) Eine Berechtigung für eine ständige Begleitung ist bei schwerbehinderten Menschen (bei denen die Voraussetzungen für die Merkzeichen „G", „Gl" oder „H" vorliegen) gegeben, die bei der Benutzung von öffentlichen Verkehrsmitteln infolge ihrer Behinderung regelmäßig auf fremde Hilfe angewiesen sind. Dementsprechend ist zu beachten, ob sie bei der Benutzung öffentlicher Verkehrsmittel regelmäßig auf fremde Hilfe beim Ein- und Aussteigen oder während der Fahrt des Verkehrsmittels angewiesen sind oder ob Hilfen zum Ausgleich von Orientierungsstörungen (z. B. bei Sehbehinderung, geistiger Behinderung) erforderlich sind.

c) Die Berechtigung für eine ständige Begleitung ist anzunehmen bei

Querschnittgelähmten,

Ohnhändern,

Blinden und

Sehbehinderten, Hörbehinderten, geistig behinderten Menschen und Anfallskranken, bei denen die Annahme einer erheblichen Beeinträchtigung der Bewegungsfähigkeit im Straßenverkehr gerechtfertigt ist."

Merkzeichen „Bl" Blindheit

Mit dem Merkzeichen „Bl" können folgende Nachteilsausgleiche in Anspruch genommen werden:

- unentgeltliche Beförderung im öffentlichen Personenverkehr,
- Kfz-Steuerbefreiung bzw. -ermäßigung und Beitragsnachlass bei der Kfz-Haftpflichtversicherung,
- Postversand (Blindensendung),
- Parkerleichterung (blauer Parkausweis für Schwerbehinderte),
- Blindengeld,
- Befreiung von der Rundfunkbeitragspflicht,
- auf Antrag Befreiung von der Hundesteuer.

Laut der Versorgungsmedizinischen Grundsätze Teil A Nr. 6 (Blindheit und hochgradige Sehbehinderung) ist ein behinderter

Mensch blind, dem das Augenlicht vollständig fehlt. Als blind ist auch ein behinderter Mensch anzusehen, dessen Sehschärfe auf keinem Auge und auch nicht beidäugig mehr als 0,02 (1/50) beträgt oder wenn andere Störungen des Sehvermögens von einem solchen Schweregrad vorliegen, dass sie dieser Beeinträchtigung der Sehschärfe gleichzustellen sind.

Merkzeichen „G" Gehbehinderung – Erhebliche Beeinträchtigung der Bewegungsfähigkeit

Das Merkzeichen „G" ist Voraussetzung für die Berechtigung zur unentgeltlichen Beförderung im öffentlichen Personenverkehr oder wahlweise der Kfz-Steuerreduzierung.

§ 229 Abs. 1 Satz 1 SGB IX:

„In seiner Bewegungsfähigkeit im Straßenverkehr erheblich beeinträchtigt ist, wer infolge einer Einschränkung des Gehvermögens (auch durch innere Leiden oder infolge von Anfällen oder von Störungen der Orientierungsfähigkeit) nicht ohne erhebliche Schwierigkeiten oder nicht ohne Gefahren für sich oder andere Wegstrecken im Ortsverkehr zurückzulegen vermag, die üblicherweise noch zu Fuß zurückgelegt werden."

Die Versorgungsmedizin-Verordnung führt dazu in ihrer Anlage aus:

Versorgungsmedizinische Grundsätze (Teil D Nr. 1):

„1. Erhebliche Beeinträchtigung der Bewegungsfähigkeit im Straßenverkehr – Merkzeichen G:

a) Nach dem Neunten Buch Sozialgesetzbuch (SGB IX) ist zu beurteilen, ob ein behinderter Mensch infolge seiner Behinderung in seiner Bewegungsfähigkeit im Straßenverkehr erheblich beeinträchtigt ist. Hilflose und Gehörlose haben stets einen Anspruch auf unentgeltliche Beförderung im öffentlichen Personenverkehr.

b) In seiner Bewegungsfähigkeit im Straßenverkehr erheblich beeinträchtigt ist, wer infolge einer Einschränkung des Gehvermögens, auch durch innere Leiden, oder infolge von Anfällen oder von Störungen der Orientierungsfähigkeit nicht ohne erhebliche Schwierigkeiten oder nicht ohne Gefahren für sich oder andere Wegstrecken im Ortsverkehr zurückzulegen vermag, die üblicherweise noch zu Fuß zurückgelegt werden. Bei der Prüfung der Frage, ob diese Voraussetzungen vorliegen, kommt es nicht auf die konkreten örtlichen Verhältnisse des Einzelfalles an, sondern darauf, welche Wegstrecken allgemein – d. h. altersunabhängig von nicht behinderten Menschen – noch zu Fuß zurückgelegt werden. Als ortsübliche Wegstrecke in diesem Sinne gilt eine Strecke von etwa zwei Kilometern, die in etwa einer halben Stunde zurückgelegt wird.

c) Auch bei Säuglingen und Kleinkindern ist die gutachtliche Beurteilung einer erheblichen Beeinträchtigung der Bewegungsfähigkeit im Straßenverkehr erforderlich. Für die Beurteilung sind dieselben Kriterien wie bei Erwachsenen mit gleichen Gesundheitsstörungen maßgebend. Es ist nicht zu prüfen, ob tatsächlich diesbezügliche behinderungsbedingte Nachteile vorliegen oder behinderungsbedingte Mehraufwendungen entstehen.

d) Die Voraussetzungen für die Annahme einer erheblichen Beeinträchtigung der Bewegungsfähigkeit im Straßenverkehr infolge einer behinderungsbedingten Einschränkung des Gehvermögens sind als erfüllt anzusehen, wenn auf die Gehfähigkeit sich auswirkende Funktionsstörungen der unteren Gliedmaßen und/oder der Lendenwirbelsäule bestehen, die für sich einen GdB von wenigstens 50 bedingen. Darüber hinaus können die Voraussetzungen bei Behinderungen an den unteren Gliedmaßen mit einem GdB unter 50 gegeben sein, wenn diese Behinderungen sich auf die Gehfähigkeit besonders auswirken, z. B. bei Versteifung des Hüftgelenks, Versteifung des Knie- oder Fußgelenks in ungünstiger Stellung, arteriellen Verschlusskrankheiten mit einem GdB von 40. Auch bei inneren Leiden kommt es bei der Beurteilung entscheidend auf die Einschränkung des Gehvermögens an. Dementsprechend ist eine erhebliche Beeinträchtigung der Bewegungsfähigkeit vor allem bei Herzschäden mit Beeinträchtigung der Herzleistung wenigstens nach Gruppe 3 und bei Atembehinderungen mit dauernder Einschränkung der Lungenfunktion wenigstens mittleren Grades anzunehmen. Auch bei anderen inneren Leiden mit einer schweren Beeinträchtigung der körperlichen Leistungsfähigkeit, z. B. chronische Niereninsuffizienz mit ausgeprägter Anämie, sind die Voraussetzungen als erfüllt anzusehen.

e) Bei hirnorganischen Anfällen ist die Beurteilung von der Art und Häufigkeit der Anfälle sowie von der Tageszeit des Auftretens abhängig. Im Allgemeinen ist auf eine erhebliche Beeinträchtigung der Bewegungsfähigkeit erst ab einer mittleren Anfallshäufigkeit mit einem GdS von wenigstens 70 zu schließen, wenn die Anfälle überwiegend am Tage auftreten. Analoges gilt beim Diabetes mellitus mit häufigen hypoglykämischen Schocks.

f) Störungen der Orientierungsfähigkeit, die zu einer erheblichen Beeinträchtigung der Bewegungsfähigkeit führen, sind bei allen Sehbehinderungen mit einem GdB von wenigstens 70 und bei Sehbehinderungen, die einen GdB von 50 oder 60 bedingen, nur in Kombination mit erheblichen Störungen der Ausgleichsfunktion

(z. B. hochgradige Schwerhörigkeit beiderseits, geistige Behinderung) anzunehmen. Bei Hörbehinderungen ist die Annahme solcher Störungen nur bei Taubheit oder an Taubheit grenzender Schwerhörigkeit im Kindesalter (in der Regel bis zum 16. Lebensjahr) oder im Erwachsenenalter bei diesen Hörstörungen in Kombination mit erheblichen Störungen der Ausgleichsfunktion (z. B. Sehbehinderung, geistige Behinderung) gerechtfertigt. Bei geistig behinderten Menschen sind entsprechende Störungen der Orientierungsfähigkeit vorauszusetzen, wenn die behinderten Menschen sich im Straßenverkehr auf Wegen, die sie nicht täglich benutzen, nur schwer zurechtfinden können. Unter diesen Umständen ist eine erhebliche Beeinträchtigung der Bewegungsfähigkeit bei geistigen Behinderungen mit einem GdB von 100 immer und mit einem GdB von 80 oder 90 in den meisten Fällen zu bejahen. Bei einem GdB unter 80 kommt eine solche Beeinträchtigung der Bewegungsfähigkeit nur in besonders gelagerten Einzelfällen in Betracht."

Dabei kommt es nicht auf die konkreten örtlichen Verhältnisse des Einzelfalls an, sondern darauf, welche Wegstrecken allgemein (altersunabhängig von nicht behinderten Menschen) noch zu Fuß zurückgelegt werden können. Nach der geltenden Rechtsprechung gilt als ortsübliche Wegstrecke eine Strecke von etwa zwei Kilometern bei einer Gehdauer von etwa einer halben Stunde.

Merkzeichen „Gl" Gehörlosigkeit

Zur Berechtigung für ein Merkzeichen „Gl" führt die Anlage der Versorgungsmedizin-Verordnung aus:

§

Versorgungsmedizinische Grundsätze (Teil D Nr. 4):

„Gehörlos sind nicht nur Hörbehinderte, bei denen Taubheit beiderseits vorliegt, sondern auch Hörbehinderte mit einer an Taubheit grenzenden Schwerhörigkeit beiderseits, wenn daneben schwere Sprachstörungen (schwer verständliche Lautsprache, geringer Sprachschatz) vorliegen. Das sind in der Regel Hörbehinderte, bei denen die an Taubheit grenzende Schwerhörigkeit angeboren oder in der Kindheit erworben worden ist."

Für das Merkzeichen „Gl" bestehen folgende Nachteilsausgleiche:

- unentgeltliche Beförderung im öffentlichen Personenverkehr oder Reduzierung der Kfz-Steuer,
- Befreiung von der Rundfunkbeitragspflicht.

Merkzeichen „H" Hilflosigkeit

§

Versorgungsmedizinische Grundsätze (Teil A Nr. 4b):

„Hilflos sind diejenigen, die infolge von Gesundheitsstörungen – nach dem Neunten Buch Sozialgesetzbuch (SGB IX) und dem Einkommensteuergesetz „nicht nur vorübergehend" – für eine Reihe von häufig und regelmäßig wiederkehrenden Verrichtungen zur Sicherung ihrer persönlichen Existenz im Ablauf eines jeden Tages fremder Hilfe dauernd bedürfen. Diese Voraussetzungen sind auch erfüllt, wenn die Hilfe in Form einer Überwachung oder einer Anleitung zu den genannten Verrichtungen erforderlich ist oder wenn die Hilfe zwar nicht dauernd geleistet werden muss, jedoch eine ständige Bereitschaft zur Hilfeleistung erforderlich ist."

Mit dem Merkzeichen „H" besteht die Möglichkeit, folgende Nachteilsausgleiche in Anspruch zu nehmen:

- unentgeltliche Beförderung im öffentlichen Personenverkehr,
- Befreiung von der Kfz-Steuer und Beitragsnachlass in der Kfz-Haftpflichtversicherung,
- Befreiung von der Hundesteuer.

Merkzeichen „RF" Rundfunkbeitrag: Reduzierung oder Befreiung

Am 01.01.2013 löste der geräteunabhängige Rundfunkbeitrag die bisherige Rundfunkgebühr ab. Seither fällt der Rundfunkbeitrag für alle Bürger pro Wohnung an. Seit dieser Umstellung müssen sich auch viele Menschen mit Behinderung an der Rundfunkfinanzierung beteiligen, selbst wenn das Merkzeichen „RF" festgestellt wurde.

Unter bestimmten Voraussetzungen besteht die Möglichkeit, sich von der Rundfunkbeitragspflicht vollständig befreien zu lassen oder wenigstens die Reduzierung zu beantragen. Menschen, bei denen das Merkzeichen „RF" im Schwerbehindertenausweis festgestellt wurde, können eine Ermäßigung beantragen. Sie zahlen dann einen reduzierten Beitrag. Die gesundheitlichen Voraussetzungen für das Merkzeichen „RF" werden auf Antrag vom Versorgungsamt festgestellt.

Sofern mit technischen Hilfsmitteln wie Rollstühlen und ggf. mit Hilfe einer Begleitperson öffentliche Veranstaltungen (z. B. Theater, Kino, Restaurant) besucht werden können, wird jedoch die Eintragung des Merkzeichens „RF" nicht gewährt.

Praxis-Tipp:

Informationen über die Befreiungs- bzw. Ermäßigungsvoraussetzungen finden Sie unter: https://www.rundfunkbeitrag.de

Um die Befreiung oder Reduzierung des Rundfunkbeitrags zu beantragen, schicken Sie eine Kopie des Schwerbehindertenausweises (mit dem Merkzeichen „RF") oder eine Kopie des Bescheids über die Feststellung der Schwerbehinderung (Diagnosen vorher schwärzen!) mit einem kurzen Anschreiben, in dem Sie die Rundfunkreduzierung beantragen, an folgende Anschrift:

ARD ZDF Deutschlandradio Beitragsservice
50656 Köln

Alternativ können Sie die Befreiung auch online unter www.rundfunkbeitrag.de beantragen.

Achtung: Versenden Sie niemals Original-Bescheide, auch wenn diese gefordert werden. Auch dann nicht, wenn man Ihnen zusagt, das Original zurückzusenden. Ist der Original-Bescheid der Versorgungsbehörde auf dem Post- oder Antragsweg verloren gegangen, erhalten Sie – auch von der Versorgungsbehörde – keinen neuen Original-Bescheid mehr!

Eine Ermäßigung oder Befreiung kann rückwirkend ab dem Datum der Feststellung bewilligt werden, wenn der Antrag innerhalb von 2 Monaten nach der Erteilung des Bescheids des Versorgungsamts beim Beitragsservice ARD, ZDF und Deutschlandradio eingegangen ist. Geht der Antrag erst nach Ablauf der 2 Monate ein, erfolgt die Befreiung oder Ermäßigung ab dem Folgemonat nach Eingang des Antrags.

Merkzeichen „TBl" Taubblindheit

Zum 30.12.2016 wurde das Merkzeichen **„TBl"** eingeführt. Dieses wird gemäß § 3 Abs. 1 Nr. 8 SchwbAwV eingetragen, wenn der schwerbehinderte Mensch wegen einer Störung der Hörfunktion mindestens einen Grad der Behinderung von 70 und wegen einer Störung des Sehvermögens einen Grad der Behinderung von 100 hat.

Merkzeichen „VB" Versorgungsberechtigung nach dem Soldatenversorgungsgesetz

Dieses Merkzeichen wird laut § 2 Abs. 2 Nr. 1 SchwbAwV eingetragen, wenn

- der schwerbehinderte Mensch wegen eines Grades der Schädigungsfolgen von mindestens 50 Anspruch auf Versorgung nach anderen Bundesgesetzen in entsprechender Anwendung der Vorschriften des Bundesversorgungsgesetzes hat oder
- wenn der Grad der Schädigungsfolgen wegen des Zusammentreffens mehrerer Ansprüche auf Versorgung nach dem Bundesversorgungsgesetz, nach Bundesgesetzen in entsprechender Anwendung der Vorschriften des Bundesversorgungsgesetzes oder nach dem Bundesentschädigungsgesetz in seiner Gesamtheit mindestens 50 beträgt.

Das Merkzeichen entfällt, wenn bereits die Bezeichnung „Kriegsbeschädigt" oder das Merkzeichen „EB" eingetragen ist.

Merkzeichen „EB" Minderung der Erwerbsfähigkeit (MdE)

Das Merkzeichen „EB" erhalten schwerbehinderte Menschen, wenn sie wegen eines Grades der Schädigungsfolgen von mindestens 50 Entschädigung nach § 28 des Bundesentschädigungsgesetzes erhalten (vgl. § 2 Abs. 2 Nr. 2 SchwbAwV).

Sofern der Betroffene gleichzeitig Kriegsbeschädigter ist, wird die Bezeichnung „Kriegsbeschädigt" eingetragen, es sei denn, es wird die Eintragung des Merkzeichens „EB" beantragt.

Merkzeichen 1. Kl. für Bahnfahrten in der 1. Klasse

Nach § 3 Abs. 1 Nr. 6 SchwbAwV wird das Merkzeichen „1. Kl." eingetragen, wenn der schwerbehinderte Mensch die im Verkehr mit Eisenbahnen tariflich festgelegten gesundheitlichen Voraussetzungen für die Benutzung der 1. Wagenklasse mit Fahrausweis der 2. Wagenklasse erfüllt.

Schwerbehindertenausweis

Ab einem Grad der Behinderung von 50 haben Sie ein Anrecht auf einen Schwerbehindertenausweis.

Wichtig: Als Nachweis der Eigenschaft als schwerbehinderter Mensch dient ausschließlich der Schwerbehindertenausweis, nicht der Feststellungsbescheid oder Abhilfebescheid! Nur mit diesem Ausweis können Nachteilsausgleiche in Anspruch genommen werden.

Für bestimmte Menschen, die behindert, aber nicht schwerbehindert sind (GdB unter 50), gibt es unter bestimmten Voraussetzungen (beispielsweise bei einer Einschränkung der körperlichen
6 Beweglichkeit) Bescheinigungen, die zur Inanspruchnahme von Rechten und Nachteilsausgleichen ausgestellt werden (z. B. Steuerfreibetrag in festgelegter Höhe). Ein Schwerbehindertenausweis wird in diesem Fall nicht ausgestellt!

Dauer der Gültigkeit der Feststellung einer Schwerbehinderung

Schwerbehindertenausweise werden in der Regel befristet ausgestellt. Erst wenn davon auszugehen ist, dass keine Besserung mehr eintritt, werden diese unbefristet ausgestellt.

Laut Gesetz sind Sie nach § 60 SGB I verpflichtet, eine Verbesserung Ihres Gesundheitszustandes der Versorgungsbehörde mitzuteilen. Gleiches gilt für die Veränderung Ihrer Anschrift oder Ihres gewöhnlichen Aufenthaltes.

Wichtig: Der Grad der Behinderung (GdB) wird an der Behinderung oder Einschränkung/Beeinträchtigung selbst (z. B. Einschränkungen oder Behinderungen durch eine Krankheit), nicht an einer Krankheit selbst, festgemacht.

Beispiel:

Herr Mustermann hat starke Schmerzen und Probleme beim Gehen im Kniegelenk. Er beantragt daraufhin die Anerkennung seiner Schwerbehinderung bei der zuständigen Behörde. Die Versorgungsbehörde stellt – nach ausführlicher Prüfung – für die Behinderung im Knie beispielsweise einen Grad der Behinderung (GdB) von 60 fest.

Nach 2 Jahren werden die Beschwerden unerträglich und Herr Mustermann lässt sich operativ ein neues Kniegelenk einsetzen. Herr Mustermann teilt dem Versorgungsamt die Operation seines neuen Kniegelenkes mit, indem er einen Änderungsantrag (umgangssprachlich auch „Verschlechterungsantrag") stellt.

Daraufhin erhält er von der Behörde einen neuen Feststellungsbescheid über einen Grad der Behinderung (GdB) von nur noch 50. Die Behörde geht davon aus, dass die Beeinträchtigungen und Behinderungen aufgrund des neuen Kniegelenkes nach der Operation geringer geworden sind und somit wurde der Grad der Behinderung abgesenkt.

Eine anerkannte Schwerbehinderung alleine aufgrund einer Krebserkrankung wird in der Regel erst einmal nur für 5 Jahre gewährt und somit befristet. Dieser Zeitraum wird als Heilungsbewährung bezeichnet.

Nach Ablauf der Befristung muss ein erneuter Antrag auf Verlängerung der Feststellung einer Schwerbehinderung gestellt werden. Ist eine Krebserkrankung innerhalb dieses Zeitraums nicht wieder aufgetreten, kann bei der Verlängerung ein GdB unter 50 festgestellt werden. Ausnahme: Die Auswirkungen einer Krebserkrankung bilden einen eigenen GdB, der eine Schwerbehinderung rechtfertigt.

Beispiel:

Ein Patient ist so schwer an Darmkrebs erkrankt, dass ein künstlicher Darmausgang (Stoma) nicht mehr zurückverlegt werden kann und der Patient damit dauerhaft leben muss.

In diesem Beispielsfall kann man davon ausgehen, dass auch nach der Heilungsbewährung weiterhin ein Einzel-GdB von mindestens 50 alleine für den künstlichen Darmausgang gewährt wird.

Verfahrensablauf

Antrag/Änderungsantrag

Ein Antragsteller hat die Möglichkeit, einen

- Antrag oder
- einen Änderungsantrag (umgangssprachlich: „Verschlechterungsantrag")

nach § 152 SGB IX zur Feststellung einer Behinderung, eines Grades sowie zur Feststellung gesundheitlicher Merkmale (Merkzeichen) und Ausstellung eines (ggf. neuen) Ausweises zu stellen.

Die Feststellung einer (Schwer-)Behinderung erfolgt durch das Versorgungsamt bzw. durch die Versorgungsbehörde, die für Ihren Wohnort (Stadt/Kommune bzw. Landkreis) zuständig ist. Die Zuständigkeiten sind in jedem Bundesland anders geregelt. Welches Versorgungsamt für Sie zuständig ist, können Sie bei Ihrer Stadt/Kommune erfragen oder im Internet nachlesen.

Praxis-Tipp:

Bereiten Sie Ihren Antrag besonders gut vor, da Versorgungsämter häufig nicht den Grad der Behinderung feststellen, der dem Behinderten zusteht. Wer einem Antrag oder Änderungs- bzw. Verlängerungsantrag wichtige Befundunterlagen beifügt, verkürzt die Bearbeitungszeit unter Umständen deutlich.

Erbitten Sie von Ihren Fachärzten – ggf. über den Hausarzt – aktuelle Befundbriefe. Bis zum Erhalt dieser Befundbriefe können teilweise Wochen vergehen. Fragen Sie daher immer wieder persönlich oder telefonisch nach, bis Ihnen aktuelle Befundunterlagen vorliegen. Zwischen dem Zeitpunkt der Antragstellung auf Feststellung einer Schwerbehinderung und dem Erhalt eines Bescheides können durchaus 6 Monate und mehr vergehen. Daher sollte ein Antrag möglichst frühzeitig gestellt werden, spätestens aber, wenn erste Befundbriefe vorliegen, die die Krebserkrankung bestätigen.

Eine Verlängerung kann mit einem Anschreiben formlos beantragt werden. Auch hier ist es sinnvoll, dem Anschreiben aktuelle Befunde behandelnder Ärzte beizulegen, die das Fortbestehen der Einschränkung/Behinderung bestätigen.

Ausfüllen des Feststellungsantrags

Laden Sie sich ein Formular für die Feststellung bzw. Änderung einer Schwerbehinderung aus dem Internet herunter oder fragen Sie bei dem für Sie zuständigen Versorgungsamt oder der Kreis- bzw. Stadtverwaltung nach einem Antrag in Papierform.

Praxis-Tipp:

Einige Versorgungsämter bieten die Möglichkeit, Anträge im Internet online zu stellen. Das ist zwar eine Arbeitsvereinfachung für die Versorgungsbehörde, aber der Antragsteller kann hier nicht beurteilen, ob bzw. wann die nachträglich per Post versandten Anlagen im Amt dem Online-Antrag zugeordnet wurden oder ob gar ohne diese Anlagen über den Antrag auf Feststellung einer Schwerbehinderung entschieden wurde.

Aus diesem Grund empfehle ich, den Papierantrag zusammen mit den Anlagen (Befundbriefe, Auflistungen und Ähnliches) in Papierform einzureichen.

Checkliste: So stellen Sie den Antrag richtig!

- Füllen Sie den Antrag sorgfältig und gut lesbar aus.
- Legen Sie dem Antrag die angeforderten Aufstellungen der persönlichen Daten, z. B. Medikamentenaufstellungen, Aufstellungen von Krankheiten etc. bei und verweisen Sie im Antrag auf die entsprechenden Anlagen. Oft reicht der geringe Platz im Antrag nicht aus, um alle Daten dort einzutragen. Nummerieren Sie die Anlagen entsprechend. Im Antrag verweisen Sie auf die entsprechende Anlagennummer (Beispiel: „Siehe Anlage 1").
- Fügen Sie dem Antrag die gewünschten bzw. vorhandenen Anlagen bei, z. B. Befundunterlagen wie Arztberichte, Rehabilitationsberichte, Laborberichte, ärztliche Gutachten.
- Falls ein Ausweis ausgestellt wird, ist dieser in der Regel ab dem Tag des Antragseingangs gültig. Wenn Sie ein besonderes Interesse glaubhaft machen – aus steuerlichen Gründen, aus Gründen der Rente oder aus sonstigen Gründen, kann auch ein früherer Gültigkeitszeitpunkt eingetragen werden. Tragen Sie in diesem Fall das Datum ein, ab wann der Ausweis gültig sein soll (z. B. Diagnosedatum).
- **Wichtig:** Vergessen Sie nicht, den Antrag zu unterschreiben!
- Es empfiehlt sich, das Lichtbild erst nachzureichen, sobald Ihnen der Bescheid vorliegt, damit es während des Antragsverfahrens nicht verloren geht. Wenn Sie ein Lichtbild versenden möchten, versehen Sie es auf der Rückseite mit Ihrem Namen, Geburtsdatum und – sofern vorhanden – dem Aktenzeichen der Versorgungsbehörde.
- Sofern möglich, scannen Sie anschließend den kompletten Antrag mit Anlagen ein oder kopieren Sie die Unterlagen vollständig für Ihre eigenen Akten, bevor Sie sie per Einschreiben mit Rückschein an die zuständige Behörde schicken. Bei einer Zustellung per Einschreiben mit Rückschein können Sie im Streitfall nachweisen, wann der Antrag zugestellt wurde.

Achten Sie darauf, dass Sie innerhalb von 4 Wochen nach Versand der Antragsunterlagen eine Eingangsbestätigung erhalten. Sollten Sie diese nicht bekommen, fragen Sie telefonisch bei der Behörde nach, bis Ihnen der Eingang schriftlich bestätigt wird. Auch wenn Sie über Monate keine Mitteilung von der Versorgungsbehörde erhalten, sollten Sie telefonisch nach dem Bearbeitungsstand fragen. Bleiben Sie aktiv und fragen Sie regelmäßig in Abständen von 4 bis 6 Wochen nach.

Bescheid bzw. Ablehnungsbescheid

Die Versorgungsbehörde prüft den Antrag und ggf. beiliegende Befundunterlagen. Stellen Sie sich darauf ein, dass ein Verfahren auf Feststellung oder Änderung einer Schwerbehinderung unter Umständen Monate dauert. Häufig sind die Behörden personell unterbesetzt und die Verfahren ziehen sich lange hin. Das ist besonders ärgerlich, wenn der Antragsteller schwer erkrankt ist und der Bescheid für weitere Anträge dringend benötigt wird, wie z. B. für den Ausweis für einen Schwerbehindertenparkplatz.

Liegen keine ausreichenden Befundunterlagen bei oder sind diese nicht aussagekräftig genug, schreibt die Versorgungsbehörde die behandelnden Ärzte an und bittet um Auskunft. Erst wenn deren Antwort dem Versorgungsamt vorliegt, geht die Akte zum Gutachter zur Begutachtung.

Praxis-Tipp:

Alleine das Anfordern von Unterlagen kann ein Verfahren deutlich in die Länge ziehen. Daher ist es sinnvoll, dem Antrag möglichst aussagekräftige Befundunterlagen direkt beizulegen.

Nachdem die Versorgungsbehörde alle Unterlagen geprüft hat, erlässt sie einen zuerkennenden Bescheid oder einen Ablehnungsbescheid über die Feststellung einer Schwerbehinderung und sendet diesen an den Antragsteller.

Widerspruch gegen den Bescheid

Nach einer vermutlich langen Wartezeit werden Sie den Bescheid oder den Ablehnungsbescheid über die Feststellung Ihrer Schwerbehinderung erhalten. Egal ob der Bescheid Ihre Zustimmung findet oder nicht, als Laie verfügen Sie vermutlich nicht über das Wissen, ob der Grad der Behinderung Ihre Behinderung(en) ausreichend berücksichtigt, zumal im Bescheid nur ein Gesamt-Grad der Behinderung genannt wird. Bei Mehrfachbehinderungen wird der Einzel-Grad der Behinderung im Bescheid nicht aufgeführt.

Sind Sie mit dem Bescheid oder dem Ablehnungsbescheid über die Feststellung einer Schwerbehinderung nicht einverstanden, können Sie hiergegen innerhalb der Widerspruchsfrist von 1 Monat schriftlich oder zur Niederschrift bei der Stelle, die den Bescheid erlassen hat, Widerspruch einlegen.

Praxis-Hinweis:

Bei einer Krebserkrankung werden Sie in der Regel bei der ersten Antragstellung vermutlich keinen Widerspruch gegen den Bescheid einlegen müssen. Dies kann allerdings bei einer Verlängerung nach 5 Jahren oder bei nicht ausreichender Berücksichtigung zusätzlicher schwerer Erkrankungen durchaus der Fall sein.

Wichtig: Sie benötigen **in jedem Fall** die gutachterliche Stellungnahme der Versorgungsbehörde. Fordern Sie diese daher grundsätzlich nach Erhalt eines Bescheides an.

Da Versorgungsämter in der Regel überlastet sind, ist es fraglich, ob Sie die gutachterliche Stellungnahme innerhalb der Widerspruchsfrist erhalten, ohne dass die Widerspruchsfrist verstreicht. Daher sollten Sie umgehend fristgerecht Widerspruch einlegen, *ohne* den Widerspruch direkt zu begründen. Bitten Sie im Widerspruch um Übersendung der „gutachterlichen Stellungnahme" sowie um Übersendung aller relevanten ärztlichen Befunde, die zur Feststellung herangezogen wurden. Teilen Sie der Versorgungsbehörde mit, dass Sie die Begründung umgehend nachreichen, sobald Ihnen die „gutachterliche Stellungnahme" sowie die ärztlichen Befunde vorliegen.

Muster: Widerspruch gegen Bescheid der Versorgungsbehörde

Klaus Mustermann
Musterstraße 17
68400 Musterdorf

Anschrift der Versorgungsbehörde Datum

Widerspruch gegen Ihren Bescheid vom ________________

Aktenzeichen: ________________

Sehr geehrte Damen und Herren,

gegen Ihren Bescheid vom ________ lege ich hiermit fristgerecht Widerspruch *(Anm.: oder Teil-Widerspruch)* gegen *(Anm.: z. B. die Ablehnung des Merkzeichens „G")* ein.

Bitte übersenden Sie mir die gutachterliche Stellungnahme sowie alle hierzu relevanten ärztlichen Befundunterlagen, die zur Einstufung der Behinderung herangezogen wurden, sofern Sie diese nicht von mir erhalten haben.

Nach Eingang und Durchsicht dieser Unterlagen erfolgt eine ausführliche Begründung.
Vielen Dank.

Mit freundlichen Grüßen
Klaus Mustermann

Nach Eingang der Unterlagen können Sie selbst oder über einen Sozialverband (z. B. VdK) oder Rechtsanwalt (z. B. für Sozialrecht) zeitnah den Widerspruch begründen, denn erst wenn Ihnen diese Unterlagen vorliegen, wissen Sie bzw. Ihre Rechtsberatung, ob Ihre Schwerbehinderung von der Versorgungsbehörde ausreichend anerkannt wurde und wie ein Widerspruch konkret zu begründen ist.

Sofern Ihre Schwerbehinderung ausreichend berücksichtigt wurde, können Sie Ihren Widerspruch nach Erhalt der gutachterlichen Stellungnahme mit einem kurzen Anschreiben zurücknehmen.

Entscheidung über den Widerspruch

Die Versorgungsbehörde prüft nun den Widerspruch und holt ggf. bei Bedarf weitere ärztliche Befundunterlagen ein. Erachtet die Versorgungsbehörde Ihren Widerspruch für begründet, erlässt sie einen sog. Abhilfebescheid. Anderenfalls gehen die Akten an die übergeordnete Behörde zur Überprüfung. In der Regel bestätigt die übergeordnete Behörde aber die Entscheidung der Versorgungsbehörde. Wird Ihr Antrag auch mit dem Widerspruchsbescheid abgelehnt, kann innerhalb eines Monats, nachdem er Ihnen bekannt geworden ist, Klage beim Sozialgericht eingereicht werden.

Nachteilsausgleiche am Arbeitsplatz

Arbeitgeber über Schwerbehinderung informieren oder nicht?

Ein schwerbehinderter Mensch ist in der Regel *nicht verpflichtet*, seinen Arbeitgeber über eine vorhandene oder eingetretene Schwerbehinderung zu informieren, sofern keine der nachfolgenden *Ausnahmen* vorliegt:

- Der behinderte Mensch gefährdet sich oder andere aufgrund der Auswirkungen seiner Schwerbehinderung. **Beispiel:** Ein schwerbehinderter Mensch hat eine Erkrankung/Behinderung, bei deren Auswirkungen es zu Gleichgewichtsstörungen oder epileptischen Anfällen kommen kann. Bewirbt sich dieser Mensch z. B. als Dachdecker, ist er verpflichtet, seinen Arbeitgeber über die Auswirkungen seiner Behinderung (nicht aber über die konkrete Erkrankung) zu informieren. Besteht bereits ein Arbeitsverhältnis und tritt eine Schwerbehinderung ein, ist auch in diesem Fall der Arbeitgeber umgehend über die Auswirkungen der Schwerbehinderung zu informieren. Auswirkungen von Schwerbehinderungen, die eine Gefahr für den Schwerbehinderten selbst oder Dritte haben können, müssen grundsätzlich dem Arbeitgeber mitgeteilt werden.
- Die Auswirkungen der Behinderung führen zu einer Leistungsminderung, so dass die vom Arbeitgeber geforderte Leistungsfähigkeit für den eventuell zukünftigen Arbeitsplatz nicht oder nicht in der dafür notwendigen Zeit erbracht werden kann.
- Der schwerbehinderte Arbeitnehmer erkennt, dass die Auswirkungen der Behinderung dazu führen, dass er die von ihm geforderte Leistung/Arbeit nicht erbringen kann.

Laut SGB IX und dem Allgemeinen Gleichbehandlungsgesetz (AGG) dürfen Menschen wegen einer Behinderung nicht benachteiligt werden. Arbeitgeber dürfen (auch potenzielle) Mitarbeiter somit nicht fragen, ob eine Schwerbehinderung besteht. Fragt ein Arbeitgeber trotzdem, muss diese Frage nicht wahrheitsgemäß beantwortet werden, sofern keiner der o. g. Ausnahmefälle zutrifft. Über die o. g. Ausnahmefälle hinaus muss der Schwerbehinderte auch in den folgenden Fällen wahrheitsgemäß antworten:

- Für die Ausübung des konkreten Arbeitsplatzes sind bestimmte körperliche Funktionen, geistige Fähigkeiten oder eine psychische Gesundheit zwingend notwendig. In diesem Fall darf der Arbeitgeber nach den o. g. Beeinträchtigungen fragen, da der (potenzielle) Mitarbeiter bei Vorliegen dieser Einschränkungen nicht als geeigneter Mitarbeiter für diese konkrete Stelle in Betracht kommt.
- Informiert ein Arbeitgeber über anstehende Kündigungen und fragt in diesem Zusammenhang (Sozialplan) nach dem Bestehen einer Schwerbehinderung, so ist in diesem Fall die Frage wahrheitsgemäß zu beantworten!

Wichtig: Informiert ein schwerbehinderter Mitarbeiter seinen Arbeitgeber nicht über das Bestehen einer Schwerbehinderung, erhält er auch keine Nachteilsausgleiche. Das bedeutet, der schwerbehinderte Mitarbeiter bekommt keinen zusätzlichen Erholungsurlaub von einer Arbeitswoche und darf auch nicht an Wahlen der Schwerbehindertenvertretung teilnehmen.

Wurde der Arbeitgeber noch nicht über das Bestehen einer Schwerbehinderung informiert und kündigt er das Arbeitsverhältnis, reicht es immer noch aus, den Arbeitgeber umgehend über die Schwerbehinderung zu informieren, damit der besondere Kündigungsschutz greift. Informiert der Arbeitnehmer seinen Arbeitgeber zu spät oder gar nicht, gefährdet er seinen Kündigungsschutz.

Sofern keiner der o. g. Ausnahmefälle besteht, ist abzuwägen, ob der schwerbehinderte Mitarbeiter den Arbeitgeber über das Bestehen einer Schwerbehinderung informiert. Im Einzelfall kann es sinnvoll sein, eine festgestellte Schwerbehinderung nicht mitzuteilen. Dies kann aber jederzeit nachgeholt werden.

In den meisten Fällen – insbesondere wenn es sich bei dem Arbeitgeber um ein größeres Unternehmen mit einer eigenen Schwerbehindertenvertretung handelt – ist es sicherlich sinnvoller, den Arbeitgeber (ggf. erst nach Ablauf der Probezeit) über die vorhandene Schwerbehinderung zu informieren.

Kündigungsschutz

Da es leider immer wieder vorkommt, dass Arbeitgeber ihre Mitarbeiter – auch während einer Krebserkrankung – kündigen, gehe ich auf das Thema Kündigungsschutz etwas detaillierter ein als auf andere Teile dieses Schwerbehindertenrechts. Nachfolgend finden Sie einige allgemeine Punkte zum besonderen Kündigungsschutz für schwerbehinderte Menschen.

Beim Kündigungsschutz unterscheidet man zwei verschiedene Arten des Kündigungsschutzes:

- Es gibt zum einen den vom Betriebsrat oder den Gewerkschaften mit den Arbeitgebern tariflich vereinbarten Kündigungsschutz, der – wenn er denn vereinbart wurde – für jeden Mitarbeiter gilt.
- Für schwerbehinderte Menschen oder Gleichgestellte gibt es einen darüber hinausgehenden Kündigungsschutz, der gesetzlich im SGB IX geregelt ist und der unabhängig vom tariflichen Kündigungsschutz gilt.

Möchte ein Arbeitgeber einen schwerbehinderten Mitarbeiter entlassen, muss er vorher beim zuständigen Integrationsamt die Zustimmung mit einer Begründung beantragen, warum diesem schwerbehinderten Mitarbeiter gekündigt wird.

Kündigt ein Arbeitgeber einem schwerbehinderten Mitarbeiter, ohne vorher die Zustimmung beim Integrationsamt einzuholen, ist die Kündigung nicht wirksam, sofern die Voraussetzungen für einen besonderen Kündigungsschutz vorliegen. Der besondere Kündigungsschutz kann zuerst einmal nur Berücksichtigung finden, wenn der Arbeitgeber über die Schwerbehinderung informiert war oder die Schwerbehinderung offenkundig ist.

Sofern der Arbeitgeber zum Zeitpunkt der Kündigung nicht über die Schwerbehinderung seines Mitarbeiters informiert wurde, muss der schwerbehinderte Mitarbeiter nach Erhalt der Kündigung den Arbeitgeber *umgehend* über seine Schwerbehinderung informieren, um seinen Kündigungsschutz nicht zu verlieren. Informiert der Arbeitnehmer seinen Arbeitgeber umgehend – innerhalb von 3 Wochen –, wird die erste Kündigung nicht wirksam. Nachdem der Arbeitgeber nun weiß, dass sein Mitarbeiter schwerbehindert ist, muss er beim Integrationsamt die Zustimmung zur Kündigung beantragen.

Ziel des Integrationsamtes ist es, den Arbeitsplatz des schwerbehinderten Menschen zu erhalten und eine gütliche Einigung zu erzielen. Es liegt im Ermessen des Integrationsamtes, ob einer beabsichtigten Kündigung zugestimmt wird oder nicht. Nach § 171 Abs. 1 SGB IX soll diese Entscheidung innerhalb einer Monatsfrist erfolgen. Häufig dauert es aber länger, bis das Integrationsamt eine Entscheidung gefällt hat.

Wichtig: Für eine etwaige Kündigungsschutzklage gilt eine Frist von 3 Wochen ab Zugang der Kündigung!

Praxis-Tipp:

Sinnvoll kann es sein, sich bereits von einem Anwalt für Arbeitsrecht beraten zu lassen, wenn Sie vom Integrationsamt/Integrationsfachdienst einen Anhörungsbogen zur geplanten Kündigung Ihres Arbeitgebers erhalten.

Wichtig: Das Integrationsamt/der Integrationsfachdienst prüft nur, ob die Kündigung aus Gründen erfolgt, die in der Schwerbehinderung liegen (bei personen- oder verhaltensbedingten Gründen). Erfolgt die Kündigung betriebsbedingt, stimmt das Integrationsamt einer Kündigung in der Regel zu. Es obliegt dann dem Betroffenen, ob er sich mit einem Rechtsanwalt für Arbeitsrecht gegen eine Kündigung wehrt. Dies gilt auch dann, wenn der Arbeitnehmer aufgrund bestimmter Voraussetzungen unkündbar ist (z. B. als Mitglied des Betriebsrates oder der Schwerbehindertenvertretung).

Praxis-Tipp:

Spätestens wenn der Arbeitgeber die Kündigung ausgesprochen hat, empfiehlt es sich umgehend, eine juristische Überprüfung und Beratung bei einem Anwalt für Arbeitsrecht vornehmen zu lassen. Planen Sie bei der Terminierung des Anwaltsgesprächs einen entsprechenden Zeitpuffer nach dem Termin beim Rechtsanwalt ein, damit dieser noch Zeit hat, ggf. die Klage vorzubereiten und zu erheben.

Eine Kündigung des Arbeitsverhältnisses hat keine aufschiebende Wirkung. Das bedeutet, bis zur Klageentscheidung ist diese erst einmal rechtswirksam.

Die Rechtswirksamkeit einer ausgesprochenen Kündigung kann ggf. vom Arbeitsgericht wieder aufgehoben werden, wenn die Voraussetzungen eines gültigen Kündigungsschutzes bestehen. In diesem Fall erhalten Sie dann für die Zeit der entstandenen Arbeitslosigkeit die Differenz zwischen Ihrem letzten Gehalt und dem Arbeitslosengeld vom Arbeitgeber erstattet und werden weiter auf Ihrem bisherigen Arbeitsplatz beschäftigt.

Wichtig: Ist der Arbeitgeber nicht über die Schwerbehinderung bzw. Gleichstellung oder über den Antrag auf Feststellung informiert, muss der Kündigungsschutz unverzüglich nach Zugang der Kündigung geltend gemacht werden, indem der Arbeitgeber über diesen Tatbestand informiert wird. Die Frist von 3 Wochen ist einzuhalten.

Voraussetzungen für das Bestehen eines besonderen Kündigungsschutzes sind:

- Das Arbeitsverhältnis besteht länger als 6 Monate zum Zeitpunkt der beabsichtigten Kündigung,
- die Schwerbehinderung ist offenkundig (z. B. der schwerbehinderte Arbeitnehmer benötigt einen Rollstuhl) oder ist durch eine Versorgungsbehörde festgestellt worden,
- dem behinderten Menschen mit einem Grad der Behinderung (GdB) von 30 oder 40 ist eine Gleichstellung durch die Agentur für Arbeit bescheinigt worden,

- eine Gleichstellung bei der Agentur für Arbeit muss beantragt worden sein. Hierfür ist es erforderlich, dass das Versorgungsamt bereits eine Behinderung mit einem GdB 30 oder 40 festgestellt hat und der Antrag mindestens 3 Wochen vor Zugang der Kündigungserklärung bei der Agentur für Arbeit eingegangen ist.
- Ein Antrag auf Feststellung einer Schwerbehinderung ist zwar gestellt, das Versorgungsamt hat jedoch ohne Verschulden des Antragstellers nach Ablauf der Frist – in der Regel 3 Wochen, im Fall eines erforderlichen Gutachtens nach 7 Wochen – noch keine Entscheidung getroffen.

Kein besonderer Kündigungsschutz gilt, wenn

- das Arbeitsverhältnis weniger als 6 Monate lang besteht,
- die Schwerbehinderung/Gleichstellung zum Zeitpunkt der Kündigung nicht nachgewiesen ist bzw. die Antragstellung der Schwerbehinderung/Gleichstellung weniger als 3 Wochen vor Zugang der Kündigung erfolgte,
- die Versorgungsbehörde die Behinderung wegen fehlender Mitwirkung des Antragstellers nicht feststellen konnte,
- die Agentur für Arbeit noch keine Feststellung wegen fehlender Mitwirkung des Antragstellers treffen konnte.

Widersprüche oder Klagen gegen die Entscheidung des Versorgungsamts/der Versorgungsbehörde oder der Agentur für Arbeit haben aufschiebende Wirkung. In diesem Fall besteht Kündigungsschutz nach SGB IX bis zum Eintritt der Bestands- bzw. Rechtskraft, das heißt bis eine Entscheidung vom Versorgungsamt, der Agentur für Arbeit oder durch das Gericht getroffen wurde.

Allerdings gilt dieser Kündigungsschutz nur, wenn die Antragstellung bereits vor 3 Wochen erfolgt ist. Der Kündigungsschutz gilt also immer nur für das jeweilige Verfahren.

Beispiel:

Herr Müller hat vor 5 Wochen einen Antrag auf Schwerbehinderung gestellt und fällt somit unter die Kündigungsschutzregelung. Wird dieser Antrag aber abgelehnt und Herr Müller reicht Widerspruch gegen den Ablehnungsbescheid der Versorgungsbehörde ein, gilt der Kündigungsschutz erst wieder, wenn der Zugang des Widerspruchs bereits drei Wochen zurückliegt.

Wichtig: Die Bezeichnung Kündigungsschutz lässt den häufigen Irrglauben zu, dass einem schwerbehinderten Mitarbeiter unter keinen Umständen gekündigt werden kann. Dem ist nicht so: Auch einem schwerbehinderten Menschen kann – unter bestimmten Voraussetzungen – gekündigt werden.

Natürlich führt eine schwere Ersterkrankung nicht immer zu einer sofortigen Kündigung. Eine Kündigung kann aber – beispielsweise bei einem längeren Zeitraum mit hohen Fehlzeiten und mit negativer Prognose oder aus anderen personenbedingten Gründen – nicht grundsätzlich ausgeschlossen werden.

Kündigungsgründe

Betriebsbedingte Kündigung

Bei Kündigungen wegen z. B. Umstrukturierung, Verlagerung, Rationalisierung, Auftragsrückgang, Betriebsschließung oder Insolvenz handelt es sich um betriebsbedingte Kündigungen.

Beantragt ein Arbeitgeber in solchen Fällen eine Kündigungszustimmung, prüft das Integrationsamt, ob der schwerbehinderte oder gleichgestellte Mitarbeiter an einem anderen Arbeitsplatz des Betriebes oder auf einem freien Arbeitsplatz in einem anderen Betrieb des gleichen Arbeitgebers beschäftigt werden kann und ob dies für den Arbeitgeber zumutbar ist.

Wichtig: Ein Arbeitgeber ist nicht verpflichtet, einen neuen – behindertengerechten – Arbeitsplatz zu schaffen, wohl aber für die behindertengerechte Umgestaltung eines bereits bestehenden Arbeitsplatzes zu sorgen. Einem behinderten Arbeitnehmer ist es zuzumuten, unter Umständen an einer Weiterbildungsmaßnahme teilzunehmen oder weitere Qualifikationen zu erwerben, um seinen Arbeitsplatz zu erhalten, sofern er seine bisherige Tätigkeit im Betrieb behinderungsbedingt nicht mehr erledigen kann.

Beispiel:

Ein Mitarbeiter mit stehender Tätigkeit kann seine Aufgaben behinderungsbedingt nicht mehr ausüben. Allerdings gibt es im selben Betrieb einen freien Arbeitsplatz mit sitzender Tätigkeit, für den jedoch eine andere Qualifikation erforderlich ist. Ist es möglich, diese Qualifikation zu erwerben, und weigert sich der Mitarbeiter, diese Qualifikation im Rahmen einer Weiterbildungsmaßnahme zu erwerben, um die neue – sitzende – Tätigkeit ausüben zu können, kann das eine Kündigung zur Folge haben, sofern kein anderer behindertengerechter Arbeitsplatz zur Verfügung steht.

Besteht eine Möglichkeit, dass der schwerbehinderte Mitarbeiter (s)einen Arbeitsplatz behalten kann, stimmt das Integrationsamt einer Kündigung häufig nicht zu. Dagegen wird das Integrationsamt bei einer – nicht nur vorübergehenden – Schließung des Betriebes seine Zustimmung zur Kündigung geben.

Praxis-Tipp:

Trotzdem ist eine Rechtsberatung bei einem Anwalt für Arbeitsrecht dringend zu empfehlen. Ein Rechtsanwalt kann im konkreten Fall auch prüfen, ob eine Klage auf Wiedereinstellung oder Abfindung Aussicht auf Erfolg hat.

Personenbedingte Kündigung

Personenbedingte Kündigungen liegen in der Person des schwerbehinderten Menschen. Dafür gibt es unter anderem folgende Gründe:

- lange krankheitsbedingte Fehlzeiten oder Dauererkrankung (mindestens 6 Monate), häufige Fehlzeiten, in den letzten 3 Jahren jeweils mehr als 6 Wochen pro Jahr sowie
- eine negative Prognose
- mangelnde gesundheitliche Eignung oder Minderleistung
- keine volle Arbeitsleistung

- schlechte Arbeitsleistung
- Alkohol- oder Suchtprobleme trotz Behandlung, Suchttherapie bzw. Kur-Maßnahme

Eine personenbedingte Kündigung wegen krankheitsbedingten Fehlzeiten kann unter folgenden Voraussetzungen ausgesprochen werden:

- Es liegen Fehlzeiten innerhalb der letzten 3 Jahre von 6 Wochen und mehr pro Jahr vor und es ist mit weiteren Fehlzeiten zu rechnen (negative Prognose), so dass diese Ungewissheit zu einer unzumutbaren betrieblichen bzw. wirtschaftlichen Belastung des Arbeitgebers führt.
- Der Arbeitsablauf ist aufgrund der Fehlzeiten erheblich gestört und dem Arbeitgeber somit nicht weiter zuzumuten.
- Das gesetzlich vorgeschriebene Betriebliche Eingliederungsmanagement – BEM (siehe nachfolgenden Abschnitt zum BEM) wurde ordnungsgemäß durchgeführt, konnte jedoch den Fehlzeiten nicht abhelfen und konnte somit nicht erfolgreich abgeschlossen werden.

- Es besteht eine negative Prognose in Bezug auf weitere Fehlzeiten.

Verhaltensbedingte Kündigung

Eine verhaltensbedingte Kündigung liegt im Verhalten des Arbeitsnehmers und liegt beispielsweise vor bei

- unentschuldigtem Fehlen
- Zuspätkommen
- eigenmächtigem Urlaubsantritt
- Straftaten (z. B. Diebstahl, Zeiterfassungsbetrug)
- Störung des Betriebsfriedens
- Tätlichkeiten
- Suchtproblemen
- schlechter Arbeitsleistung

Um eine verhaltensbedingte Kündigung auszusprechen, bedarf es vorher einer vergeblichen Abmahnung.

Sowohl bei einer personenbedingten Kündigung als auch bei einer verhaltensbedingten Kündigung einer (schwer-)behinderten Person sollen das Integrationsamt und die Fürsorgestelle versuchen, den Arbeitsplatz möglichst zu erhalten. Es wird geprüft, ob die Ursachen für den Kündigungsgrund behinderungsbedingt sind und ihnen abgeholfen werden kann.

Eventuell kann die Einbeziehung des zuständigen Integrationsfachdienstes dazu beitragen, den gefährdeten Arbeitsplatz zu erhalten. Aufgabe des Integrationsfachdienstes ist es, in Betrieben, die Menschen mit Behinderung sowie deren Arbeitgeber zu beraten und behinderungsspezifisch zu unterstützen und zu begleiten.

Wichtig: Sollten Sie eine Kündigung des Arbeitgebers erhalten, kann eine Rechtsberatung sinnvoll sein. Lassen Sie Ihren konkreten Einzelfall juristisch prüfen.

Betriebliches Eingliederungsmanagement (BEM)

Das Betriebliche Eingliederungsmanagement (BEM) ist ein gesetzlich vorgeschriebenes Instrument des SGB IX zur möglichst frühzeitigen Beendigung von längerfristiger Arbeitsunfähigkeit und zur Sicherung des Arbeitsplatzes. Seit 2004 sind alle Arbeitgeber verpflichtet, dass BEM bei allen – nicht nur den schwerbehinderten – Mitarbeitern durchzuführen, die länger erkrankt sind.

Die Teilnahme an einem betrieblichen Eingliederungsmanagement ist zwar freiwillig, sollte aber auf jeden Fall wahrgenommen werden. Die Ablehnung der Teilnahme bzw. ein unentschuldigtes Fehlen an einem Gespräch zum Betrieblichen Eingliederungsmanagement kann eine Kündigung zur Folge haben!

Praxis-Tipp:

Ist Ihnen die Teilnahme beispielsweise wegen eines Krankenhaus- oder Rehabilitationsaufenthalts oder anderer gesundheitlicher Gründe zum angesetzten Zeitpunkt nicht möglich, sollten Sie schriftlich (mit Begründung) um Verschiebung des Termins bitten. Achten Sie darauf, dass Sie nachweisen können, dass Sie schriftlich um Terminverschiebung gebeten haben, indem Sie Ihre schriftliche Bitte um Terminverlegung am besten per Einschreiben versenden. Fertigen Sie zusätzlich eine Kopie für Ihre Unterlagen an, an die Sie die Quittung des Einschreibens heften.

Gehen Sie – wenn möglich – nicht alleine zu einem BEM-Gespräch. Bitten Sie ein Mitglied der Schwerbehindertenvertretung (selbst wenn Sie *nicht* schwerbehindert sind) oder des Betriebsrates, Sie zu diesem Termin zu begleiten, um notfalls einen Zeugen für dort getroffene Vereinbarungen zu haben.

Wichtig: Achten Sie darauf, was Sie in einem BEM-Gespräch sagen und wie Sie es formulieren, damit es nicht gegen Sie verwendet werden kann! Sie sind nicht verpflichtet, Ihrem Arbeitgeber oder im BEM-Gespräch Diagnosen mitzuteilen.

Beispiel:

Ein Mitarbeiter hat häufige Fehlzeiten. Weil er den wahren Grund seiner Erkrankung dem Arbeitgeber aber nicht sagen möchte, teilt er dem Arbeitgeber mit, dass er häufig Rückenprobleme habe. Der Arbeitgeber bietet ihm daraufhin einen ergonomischen, neuen Bürostuhl und einen höhenverstellbaren Schreibtisch an. Der Mitarbeiter stimmt der Maßnahme zu und erhält einen neuen Bürostuhl und einen neuen Schreibtisch.

Fehlt er weiterhin häufig, können diese Fehlzeiten als ein nicht erfolgreiches BEM (Betriebliches Eingliederungsmanagement) gewertet werden und eine Kündigung zur Folge haben!

Praxis-Tipp:

Überlegen Sie vor dem Gespräch sehr genau, was Sie dem Arbeitgeber mitteilen möchten und was nicht. Im Zweifelsfall lassen Sie sich unbedingt vor dem BEM-Gespräch juristisch beraten! Die anwaltliche Beratungsgebühr ist vermutlich günstiger als die Folgen einer Kündigung. Eine gut geschulte

Schwerbehindertenvertretung Ihres Betriebes kann Sie ggf. ebenfalls beraten, auf jeden Fall aber zum BEM-Gespräch begleiten.

Gleichstellung

Ein behinderter Mensch (GdB weniger 50, aber wenigstens 30) kann einem schwerbehinderten Menschen (GdB 50 bis 100) gleichgestellt werden, wenn ohne die Gleichstellung infolge seiner Behinderung kein geeigneter Arbeitsplatz im Sinne des § 156 SGB IX erlangt oder behalten werden kann.

Mit einer Gleichstellung ist der behinderte Mensch (GdB 30 oder 40) einem schwerbehinderten Menschen (GdB 50 bis 100) gleichgestellt. Das bedeutet, er hat den gleichen Kündigungsschutz wie schwerbehinderte Menschen und wird ihm arbeitsrechtlich gleichgestellt. Allerdings hat er kein Anrecht auf Zusatzurlaub für Schwerbehinderte.

Den Antrag auf Gleichstellung kann bei der für Sie zuständigen Agentur für Arbeit gestellt werden. Zwar kann der Antrag auch mündlich oder telefonisch erfolgen, aber juristisch nachweisbar ist nur die Schriftform. Diese kann für die Wahrung eines ggf. erforderlichen Kündigungsschutzes sinnvoll sein. Eine Gleichstellung ist nur möglich, wenn

- die Behinderung bereits durch einen Bescheid des Versorgungsamts/der Versorgungsbehörde mit einem GdB von 30 oder 40 festgestellt wurde,
- der Wohnsitz, der Arbeitsplatz oder der gewöhnliche Aufenthalt des Antragstellers im Geltungsbereich des SGB IX, das heißt in Deutschland, liegt,
- eine Rechtmäßigkeit von Wohnsitz, Beschäftigung und gewöhnlichem Aufenthalt vorliegt,
- ein Arbeitsplatz gemäß § 156 SGB IX besteht,
- eine Gefährdung oder mangelnde Konkurrenzfähigkeit auf dem Arbeitsmarkt (eine sozialversicherungspflichtige Arbeitsstelle kann nicht erlangt oder behalten werden) vorliegt,

- ein Zusammenhang zwischen der Behinderung für das Nicht-Erlangen/Nicht-Erhalten eines Arbeitsplatzes vorliegt.

Nach einem BAG-Urteil vom 01.03.2007 (Az. 2 AZR 217/06) ist ein Gleichstellungsantrag nur dann gültig, wenn der Antrag auf Gleichstellung mindestens drei Wochen vor Zugang einer Kündigung gestellt wurde.

Praxis-Tipp:

- Achten Sie darauf, dass der Antrag bei Abgabe in Ihrem Beisein mit einem Eingangsstempel versehen wird. Sofern dem Antrag entsprochen wird, ist er ab dem Eingangsdatum gültig. Lassen Sie eine Kopie Ihres Antrags für Ihre Unterlagen ebenfalls mit einem Eingangsstempel versehen, die Sie für sich als Nachweis mit nach Hause nehmen.
- Lassen Sie sich von der Schwerbehindertenvertretung in Ihrem Betrieb beraten bzw. informieren Sie die Schwerbehindertenvertretung, sofern Sie eine Gleichstellung beantragen wollen oder bereits beantragt haben. Die Schwerbehindertenvertretung wird von der Agentur für Arbeit aufgefordert, eine Stellungnahme zu dem gestellten Antrag auf Gleichstellung abzugeben.

Zusatzurlaub für Schwerbehinderte

Schwerbehinderte Menschen (ab einem GdB von 50) haben nach § 208 SGB IX einen Anspruch auf bezahlten zusätzlichen Urlaub von einer Arbeitswoche im Jahr! Dieser Zusatzurlaubsanspruch gilt nicht für behinderte Menschen mit einem GdB von 30 bis 45 und Behinderte mit einer Gleichstellung. Was konkret eine Arbeitswoche bedeutet, möchte ich mit dem nachfolgenden Beispiel erläutern:

Beispiel:

Beträgt die Arbeitswoche laut Arbeitsvertrag 5 Arbeitstage, bekommt der schwerbehinderte Mensch 5 Tage Zusatzurlaub; beträgt die Arbeitswoche 6 Arbeitstage, erhält er 6 Tage Zusatzurlaub.

Soweit tarifliche, betriebliche oder sonstige Urlaubsregelungen für schwerbehinderte Menschen einen längeren Zusatzurlaub vorsehen, bleiben diese unberührt, § 208 Abs. 1 Satz 2 SGB IX.

Besteht die Schwerbehinderteneigenschaft nicht während des gesamten Kalenderjahres, hat der schwerbehinderte Mensch für jeden vollen Monat der im Beschäftigungsverhältnis vorliegenden Schwerbehinderteneigenschaft einen Anspruch auf ein Zwölftel des Zusatzurlaubs, § 208 Abs. 2 Satz 1 SGB IX. Bruchteile ab 0,5 Urlaubstage sind dabei aufzurunden, § 208 Abs. 2 Satz 2 SGB IX. Der so ermittelte Zusatzurlaub ist gemäß § 208 Abs. 2 Satz 3 SGB IX dem Erholungsurlaub hinzuzurechnen und kann – bei einem nicht im ganzen Kalenderjahr bestehenden Beschäftigungsverhältnis – nicht erneut gemindert werden.

Wird die Eigenschaft als schwerbehinderter Mensch nach § 152 Abs. 1 und 2 SGB IX rückwirkend festgestellt, besteht ein rückwirkender Anspruch auf Zusatzurlaub. Bei langjährigen Feststellungsverfahren kann allerdings nur noch der Zusatzurlaub für das abgelaufene und das aktuelle Kalenderjahr beansprucht werden, vgl. § 208 Abs. 3 SGB IX.

Technische Arbeitshilfen zur Erhaltung des Arbeitsplatzes

Um den Arbeitsplatz eines schwerbehinderten oder gleichgestellten Menschen zu erhalten, kann der Arbeitgeber oder die Schwerbehindertenvertretung eines Unternehmens finanzielle Leistungen beim zuständigen Integrationsamt bzw. bei der Integrationsfachaufsicht (örtliche Fürsorgestellen) bei der Agentur für Arbeit oder dem Rentenversicherungsträger beantragen.

Dies kann für gleichgestellte oder schwerbehinderte Menschen nach einer schweren (Krebs-)Operation mit beispielsweise nachfolgenden körperlichen bzw. motorischen Einschränkungen oder aber auch bei einer anderen behinderungsbedingten Einschränkung sehr hilfreich sein. Möglich sind unter anderem:

- eine Förderung zur Schaffung eines neuen Arbeits- oder Ausbildungsplatzes
- eine Förderung behinderungsgerechter Einrichtung von Arbeitsplätzen

- die finanzielle Übernahme für technische Arbeitshilfen (wie z. B. Hebehilfe, besonderer PC-Bildschirm, besondere Computertastatur etc.)
- finanzielle Hilfen zur Umgestaltung eines behindertengerechten Arbeitsplatzes (z. B. Umbau, Bau von Rampen, elektrische Türen)
- die Übernahme für notwendige Arbeitsassistenz
- ein Darlehen oder Zuschüsse zur Gründung und Erhaltung einer selbstständigen beruflichen Existenz
- finanzielle Ausgleiche an Arbeitgeber bei Leistungsminderungen
- Gebärdendolmetscher
- die Finanzierung eines behindertengerechten Kraftfahrzeugs zur Erreichung eines Arbeitsplatzes
- die Ausbildung von jungen Menschen mit Behinderung (in bestimmten Fällen können Ausbildungsgebühren oder andere Kosten für die Berufsausbildung übernommen werden)

Praxis-Tipp:

Weitere detaillierte Informationen erhalten Sie bei dem für Ihren Betrieb zuständigen Integrationsamt bzw. der Integrationsfachaufsicht, der Fürsorgestelle oder dem für Sie zuständigen Integrationsfachdienst oder Sie sprechen die Schwerbehindertenvertretung in Ihrem Betrieb oder Ihren Arbeitgeber direkt an.

Freistellung von Mehrarbeit

Nicht jeder, der eine schwere Krebserkrankung hinter sich hat, ist nach Rückkehr in den Beruf wieder (direkt) – seiner vertraglich vereinbarten Arbeitszeit entsprechend – voll belastbar.

Immer wieder hört man, dass schwerbehinderte Arneitnehmer keine Mehrarbeit leisten müssen. Dies ist aber nur teilweise richtig. Schwerbehinderte Mitarbeiter können sich auf Verlangen von Mehrarbeit freistellen lassen (§ 207 SGB IX), sofern es sich nicht um Notarbeit nach §§ 14, 15 ArbZG handelt. Die Freistellung von Mehrarbeit gilt für schwerbehinderte, nicht aber für gleichgestellte behinderte Menschen.

Immer häufiger beträgt die regelmäßige Arbeitszeit zwischen 40 und 42 Stunden wöchentlich, bei Bundesbeamten gar bis zu einem Durchschnitt von 44 Stunden (§ 87 Abs. 1 BBG).

Der Begriff der Arbeitszeit richtet sich dabei nach den Bestimmungen des Arbeitszeitgesetzes (siehe dort vor allem §§ 2, 3 ArbZG). Als Mehrarbeit bezeichnet man die Arbeit, die nach § 207 SGB IX über die normale gesetzliche Arbeitszeit von 8 Stunden werktäglich hinausgeht. Die individuell vereinbarte oder tarifliche regelmäßige Arbeitszeit stellt damit keinen geeigneten Maßstab für die Bestimmung des Begriffs der Mehrarbeit nach § 207 SGB IX dar.

Wichtig: Der Begriff „Mehrarbeit" darf hier nicht mit dem Begriff „Überstunden" verwechselt werden.

Den Unterschied zwischen den beiden Begriffen möchte ich an nachfolgendem Beispiel erläutern:

Beispiel 1: Mehrarbeit

Herr Schmitz (nicht schwerbehindert!) arbeitet 40 Stunden pro Woche in Vollzeit:

Er arbeitet Montag bis Freitag täglich von 8:00 bis 12:00 Uhr = 4 Stunden.

Dann macht er 1 Stunde Pause und arbeitet wieder von 13:00 bis 17:00 Uhr = 4 Stunden.

Mehrarbeit würde bei Herrn Schmitz ab 17:01 Uhr beginnen und wäre aufgrund des derzeit gültigen Arbeitszeitgesetzes bis maximal 19:00 Uhr an 4 Arbeitstagen pro Woche möglich. Alternativ könnte der Arbeitgeber Herrn Schmitz 8 Stunden an einen arbeitsfreien (Sams-)Tag für die Mehrarbeit einsetzen, sofern die wöchentliche Arbeitszeit 48 Stunden nicht überschreitet.

Beispiel 2: Überstunden und Mehrarbeit

Herr Meyer arbeitet 34 Stunden pro Woche:

Er arbeitet Montag bis Freitag täglich von 8:00 Uhr bis 12:00 Uhr = 4 Stunden.

Dann macht er 1 Stunde Pause und arbeitet wieder von 13:00 Uhr bis 15:48 Uhr = 2:48 Stunden.

Herr Meyer arbeitet also täglich 6:48 Stunden. Würde er täglich 1 Stunde und 12 Minuten mehr arbeiten (also 8 Stunden), wären das 1 Stunde und 12 Minuten an Überstunden. Erst ab 8:01 Arbeitsstunden würde bei Herrn Meyer die Mehrarbeit beginnen.

Laut derzeit gültigem Arbeitszeitgesetz beträgt die maximale Arbeitszeit 10 Stunden pro Tag, aber maximal 48 Stunden pro Woche. Überstunden bedeuten deshalb nur dann Mehrarbeit nach § 207 SGB IX, wenn die 8-Stunden-Grenze überschritten wird.

Seit 2004 gilt auch der Bereitschaftsdienst als Arbeitszeit nach dem Arbeitszeitgesetz und ist bei Mehrarbeit zu berücksichtigen. Die generelle Freistellung von Mehrarbeit gilt nach allgemeiner Auffassung nicht für die Arbeit an Sonn- oder Feiertagen bzw. Nachtarbeit und Bereitschaftsdienst.

Teilzeitkräfte

Für Teilzeitkräfte gilt die gleiche Regelung wie für Vollzeitkräfte. Arbeitszeiten bis zu 8 Arbeitsstunden sind Überstunden. Erst ab 8:01 Arbeitsstunden beginnt die Mehrarbeit.

Ausnahme: Besteht die Teilzeitstelle aus behinderungsbedingten Gründen nach § 164 Abs. 5 Satz 3 SGB IX und ist der schwerbehinderte Mitarbeiter aufgrund von Art und Schwere seiner Behinderung nicht in der Lage, auch nur vorübergehend arbeitstäglich mehr als die von ihm normalerweise zu erbringende Arbeitszeit zu leisten, kann von dieser Regelung abgewichen werden.

Wichtig: Um von Mehrarbeit freigestellt zu werden, bedarf es vorher eines schriftlichen Antrags des Arbeitnehmers und einer Genehmigung des Arbeitgebers.

Benachteiligungsverbot

Nach § 164 Abs. 2 SGB IX dürfen Arbeitgeber schwerbehinderte Mitarbeiter nicht wegen ihrer Behinderungen benachteiligen. Im Detail sind die geltenden Bestimmungen im Allgemeinen Gleichbehandlungsgesetz (AGG) geregelt.

Zulässig ist allerdings eine unterschiedliche Behandlung, wenn beispielsweise eine bestimmte Tätigkeit ausgeführt werden muss, die eine körperliche, geistige oder seelische Gefahr für den schwerbehinderten Menschen darstellen oder der Arbeitgeber seine Fürsorgepflicht verletzen würde.

Bewerben sich beispielsweise zwei gleich gut qualifizierte Mitarbeiter auf eine interne Stelle und der schwerbehinderte Mensch bekommt die Stelle nicht, weil der Arbeitgeber befürchtet, er wäre nicht so belastbar oder hätte häufigere Fehlzeiten, so verstieße diese Behandlung gegen das AGG.

Im Streitfall trägt der Arbeitgeber die Beweislast, dass er den schwerbehinderten Bewerber nicht benachteiligt hat. Das heißt, der Arbeitgeber muss darlegen, warum er sich für den nichtbehinderten Mitarbeiter entschieden hat. Liegt ein Verstoß seitens des Arbeitgebers gegen das AGG vor, so kann der benachteiligte Bewerber/Mitarbeiter eine angemessene Entschädigung in Geld verlangen, begrenzt auf höchstens 3 Monatsverdienste (§ 15 Abs. 2 AGG).

Dabei ist der Maßstab für die Höhe der Entschädigung das Einkommen gemessen in Monatsverdiensten, welches der schwerbehinderte Bewerber/Mitarbeiter bei dem Arbeitgeber auf der zu besetzenden Stelle bekommen hätte. Die Frist für die Geltendmachung des Entschädigungsanspruchs beträgt 2 Monate. Der Verstoß des Arbeitgebers gegen das Benachteiligungsverbot begründet den Anspruch. Die Frist beginnt ab Kenntnis/Unterrichtung des schwerbehinderten Menschen über seine Ablehnung.

Praxis-Tipp:

Allerdings sollte man hier sein Verhalten sehr genau abwägen. Wer wegen Benachteiligung gegen seinen aktuellen Arbeitgeber klagt, belastet oder zerstört unter Umständen das Vertrauensverhältnis. Wer gegen einen fremden Arbeitgeber klagt, muss sich darüber im Klaren sein, dass eine spätere Bewerbung bei diesem Arbeitgeber auf einen anderen Posten vermutlich von Anfang an aussichtslos ist.

Renteneintrittsalter

Besonders für an Krebs erkrankte schwerbehinderte Arbeitnehmer, die kurz vor der Altersrente stehen, ist die nachfolgende Information besonders interessant:

Schwerbehinderte Menschen haben die Möglichkeit, 2 Jahre vor dem errechneten Renteneintrittstermin in Rente zu gehen. Da es derzeit kein starres Renteneintrittsalter gibt, kann hier auch kein festes Alter genannt werden.

Praxis-Tipp:
Eine konkrete Aussage, wann Ihr Renteneintrittsdatum ist, erhalten Sie bei Ihrem Rentenversicherungsträger.

6 Nachteilsausgleiche bei Kfz und öffentlichem Personenverkehr

Unentgeltliche Beförderung im öffentlichen Personenverkehr

Unter bestimmten Voraussetzungen haben schwerbehinderte Menschen die Möglichkeit, die unentgeltliche Beförderung im Personenverkehr, die sog. „Freifahrt“, zu nutzen.

Das bedeutet, dass ein schwerbehinderter Mensch nicht für jede Beförderung im Personennahverkehr eine eigene Fahrkarte, sondern einmal im (Halb-)Jahr eine gültige Wertmarke für das Beiblatt zum Schwerbehindertenausweis kaufen muss, sofern er nicht blind oder hilflos ist.

Hierfür sind folgende Voraussetzungen notwendig:[2]

Merkzeichen	Freifahrt mit Wertmarke	und/oder	Kfz-Steuerermäßigung
aG (außergewöhnlich gehbehindert)	40 EUR bzw. 80 EUR	und	100 %
B (Begleitung)	Begleitpersonen benötigen keine Wertmarke und werden auch ohne Wertmarke kostenlos befördert		
Bl (blind)	kostenlos für 1 Jahr	und	100 %
G (gehbehindert)	40 EUR bzw. 80 EUR	oder	50 %
Gl (gehörlos)	40 EUR bzw. 80 EUR	oder	50 %
H (hilflos)	kostenlos für 1 Jahr	und	100 %

Ausnahme: Kostenlos erhalten die Wertmarke

- Personen, die Leistungen zur Sicherung des Lebensunterhalts nach dem SGB II (Grundsicherung für Arbeitsuchende) erhalten.
- Personen, die Hilfe zum Lebensunterhalt bzw. Grundsicherung im Alter und bei Erwerbsminderung nach dem SGB XII (Sozialhilfe) oder entsprechende Leistungen nach dem Asylbewerberleistungsgesetz erhalten.
- Personen, die Leistungen nach dem SGB VIII (Kinder- und Jugendhilfe) oder den §§ 27a oder 27d BVG erhalten.
- Schwerkriegsbeschädigte und Personen mit Merkzeichen VB oder EB, die mindestens seit dem 01.10.1979 wegen ihrer Schädigungsfolgen die Freifahrtberechtigung haben.

6

Beantragung einer Wertmarke

Bei Vorliegen der Voraussetzungen sendet Ihnen die Versorgungsbehörde mit dem Bescheid über die Feststellung der Schwerbehinderung einen Antrag auf Ausstellung eines Ausweisblattes.

[2] Mit freundlicher Genehmigung angelehnt an *Knoche*, Finanzielle Hilfen für Menschen mit Behinderung, S. 26.

Nach Beantragung erhält der Antragsteller als Nachweis seiner Berechtigung zusätzlich zur Wertmarke ein Beiblatt. Das kostenlos ausgestellte Beiblatt ist für die Dauer von 12 Monaten gültig.

Preis einer Wertmarke

Die Wertmarke kostet für

- 6 Monate 40 Euro und für
- 12 Monate 80 Euro

und gilt ab dem Kalendermonat, der auf ihr eingetragen ist.

Rückgabe einer Wertmarke

Wird die für 1 Jahr ausgegebene Wertmarke vor Ablauf eines halben Jahres ihrer Gültigkeitsdauer zurückgegeben, wird auf Antrag die Hälfte der Gebühr erstattet. Entsprechendes gilt für den Fall, dass der schwerbehinderte Mensch vor Ablauf eines halben Jahres der Gültigkeitsdauer der für 1 Jahr ausgegebenen Wertmarke verstirbt.

Kfz-Steuerermäßigung bzw. -befreiung

Je nach festgestelltem Merkzeichen besteht die Möglichkeit der Kfz-Steuerbefreiung oder der Kfz-Steuerermäßigung.

Kfz-Steuerbefreiung

Eine Kfz-Steuerbefreiung kann nach § 3a Abs. 1 KraftStG in Anspruch genommen werden, wenn folgende Merkzeichen im Schwerbehindertenausweis festgestellt wurden:

- Merkzeichen „H“ – Hilflosigkeit
- Merkzeichen „Bl“ – Blindheit oder hochgradige Sehbehinderung
- Merkzeichen „aG“ – außergewöhnliche Gehbehinderung

Weiterhin können Kriegsbeschädigte und andere Versorgungsberechtigte nach dem sozialen Entschädigungsrecht, denen bereits bei Inkrafttreten der Neuregelung am 01.06.1979 die Kfz-Steuer erlassen war und deren Behinderungsgrad (früher MdE, heute

GdB) wenigstens 50 Prozent betrug, einen Antrag auf Steuerbefreiung stellen.

Kfz-Steuerermäßigung

Eine Kfz-Steuerermäßigung um 50 Prozent können nach § 3a Abs. 2 KraftStG schwerbehinderte Menschen in Anspruch nehmen, bei denen folgende Merkzeichen im Schwerbehindertenausweis festgestellt wurden:

- Merkzeichen „G“ – Gehbehinderung
- Merkzeichen „Gl“ – Gehörlosigkeit

Eine Kfz-Steuerermäßigung ist nur möglich, wenn auf das Recht auf Inanspruchnahme unentgeltlicher Beförderung im öffentlichen Personenverkehr verzichtet wurde. Es besteht hier nur eine Wahlmöglichkeit zwischen Kfz-Steuerermäßigung und unentgeltlicher Beförderung im öffentlichen Personenverkehr.

Wichtig: Eine Kfz-Steuervergünstigung, also eine Ermäßigung bzw. Befreiung, ist nur für ein Kfz möglich. Dieses muss nach § 3a KraftStG auf die schwerbehinderte Person zugelassen sein und darf nur von ihr selbst oder zu ihrer Haushaltsführung genutzt werden. Wird das Fahrzeug zu Fahrten genutzt wird, die nicht im Zusammenhang mit der Fortbewegung oder Haushaltsführung des Halters stehen, bzw. bei Missbrauch entfällt die Steuervergünstigung.

Antragstellung

Eine Kfz-Steuervergünstigung, also eine Kfz-Steuerbefreiung oder -ermäßigung, kann beim zuständigen Hauptzollamt mit dem Formular 3809 beantragt werden. Das Antragsformular muss von dem schwerbehinderten Antragsteller unterschrieben werden. Wird die schwerbehinderte Person von einem Dritten vertreten, muss eine wirksame Vollmacht vorgelegt werden. Das Antragsformular wie auch weitere Formulare, Merkblätter und Informationen finden Sie im Internet unter:

https://www.zoll.de/DE/Home/home_node.html → Privatpersonen → Kfz-Steuer → Steuervergünstigungen → Steuervergünstigung für schwerbehinderte Menschen → Formular 3809

Um eine Kfz-Steuervergünstigung zu beantragen, müssen Sie folgende Unterlagen im Original vorlegen:

- ausgefülltes und unterschriebenes Antragsformular
- gültiger Schwerbehindertenausweis
- Beiblatt zum Schwerbehindertenausweis (nur bei Inanspruchnahme der Steuerermäßigung notwendig)
- Zulassungsbescheinigung Teil I (Fahrzeugschein), sofern das Fahrzeug zugelassen ist und Sie bereits eine Zulassungsbescheinigung erhalten haben

Die Steuervergünstigung wird in der Zulassungsbescheinigung Teil I (Fahrzeugschein) eingetragen. Der Wechsel von einer Kfz-Steuerermäßigung zur vergünstigten Nutzung des Personennahverkehrs ist möglich. Das Beiblatt ohne Wertmarke muss dem Versorgungsamt dann mit dem Löschvermerk der Steuerstelle zurückgegeben werden.

Wichtig: Bei Wegfall der Voraussetzungen der Steuervergünstigung ist das zuständige Hauptzollamt unverzüglich schriftlich zu informieren. Eine Unterlassung kann als Steuerhinterziehung im Sinne des § 370 Abs. 1 Nr. 2 Abgabenordnung (AO) oder als leichtfertige Steuerverkürzung im Sinne des § 378 Abs. 1 AO gewertet und entsprechend geahndet werden.

Blauer EU-Parkausweis/Schwerbehindertenparkplatz

Ausschließlich schwerbehinderte Menschen mit einer außergewöhnlichen Gehbehinderung (Merkzeichen „aG“) sowie Blindheit (Merkzeichen „Bl“) können einen blauen EU-Parkausweis bei der zuständigen Straßenverkehrsbehörde im Bezirksamt beantragen und dürfen mit diesem Parkausweis auf extra ausgewiesenen Schwerbehindertenparkplätzen parken.

Der Inhaber eines blauen EU-Parkausweises kann eine Vielzahl weiterer Parkerleichterungen in Anspruch nehmen. Der blaue EU-Parkausweis gestattet unter anderem nach § 46 StVO (Straßenverkehrsordnung) das Parken bis

- zu 3 Stunden im eingeschränkten Halteverbot (Wichtig: Wer bis zu 3 Stunden im eingeschränkten Halteverbot parkt, muss eine eingestellte Parkscheibe gut sichtbar im Kfz auslegen, da er andernfalls eine Ordnungswidrigkeitsgebühr riskiert.),

- während der Be- und Entladezeiten in Fußgängerzonen,
- bis zu 3 Stunden auf Anwohnerparkplätzen und
- bis zu 24 Stunden auf gebührenpflichtigen, öffentlichen Parkplätzen (sofern diese nicht in Privatbesitz geführt werden).

Insbesondere bei notwendigen Arztbesuchen sind diese Ausnahmegenehmigungen sehr hilfreich. Zeitliche Begrenzungen, die eine Betätigung der Parkscheibe voraussetzen, gelten nicht für Menschen mit beidseitiger Amelie, Phokomelie oder vergleichbaren Funktionseinschränkungen.

Wichtig: Der blaue EU-Parkausweis muss gut sichtbar hinter der Windschutzscheibe zu sehen sein. Es reicht nicht aus, den Schwerbehindertenausweis oder einen Aufkleber mit Rollstuhl-Symbol hinter die Scheibe seines Kraftfahrzeugs zu legen. Wer ohne blauen EU-Parkausweis auf einem Schwerbehindertenparkplatz parkt, hat mit einem Verwarngeld von 35 Euro zu rechnen und muss zusätzlich anfallende Abschleppkosten zahlen, denn ein Fahrzeug ohne blauen EU-Parkausweis darf bereits nach wenigen Minuten abgeschleppt werden.

Informationen zur Bußgeldhöhe finden Sie im Bußgeldkatalog unter: https://bussgeldkatalog.de/behindertenparkplatz/

Der EU-Parkausweis ist an seinen Inhaber und nicht an ein bestimmtes Fahrzeug gebunden und kann daher immer dann zum Einsatz kommen, wenn sein Inhaber fährt oder gefahren wird. Der blaue EU-Parkausweis gilt bundesweit und ist ebenfalls als Nachweis in allen anderen europäischen Ländern für die dort bestehenden Parkerleichterungen gültig. Er muss mit einem Lichtbild im Passbildformat und der eigenhändigen Unterschrift des Berechtigten versehen sein.

Sonderregelung für Parkerleichterung

Für Personen mit besonderen gesundheitlichen Voraussetzungen gibt es die Möglichkeit, eine bundesweit gültige Sonderregelung zur Ausnahmegenehmigung für Parkerleichterungen zu erlangen, nämlich den orangefarbenen Kfz-Parkausweis (§ 46 Abs. 1 Nr. 11 StVO). Voraussetzung für den Erhalt eines orangefarbenen Parkausweises ist

- ein GdB von wenigstens 80 allein wegen der Funktionsstörungen (Einzel-GdB) an den unteren Gliedmaßen und der Feststellung der Merkzeichen „G“ und „B“,
- ein GdB von wenigstens 70 (Einzel-GdB) allein wegen der Funktionsstörungen an den unteren Gliedmaßen und gleichzeitig Funktionsstörungen des Herzens oder der Atmungsorgane mit einem GdB von wenigstens 50 (Einzel-GdB) sowie Feststellung der Merkzeichen „G“ und „B“,
- Morbus Crohn bzw. Colitis ulcerosa mit einem GdB von wenigstens 60 (Einzel-GdB) oder
- doppeltes Stoma mit Auswirkungen auf die Gehfähigkeit (künstlicher Darmausgang und künstliche Harnableitung)

Der Antrag für eine Ausnahmegenehmigung kann nur bei der Straßenverkehrsbehörde Ihres Bezirks (Stadt/Kreis) gestellt werden. Diese bittet dann ihrerseits das zuständige Versorgungsamt um Amtshilfe, ob die notwendigen Voraussetzungen vorliegen.

Wichtig: Diese Sonderregelung gilt nicht für die Benutzung von Schwerbehindertenparkplätzen. Wer mit einem orangefarbenen Parkausweis nach § 46 Abs. 1 Nr. 11 StVO auf einem Schwerbehindertenparkplatz parkt, riskiert ein Verwarngeld von derzeit 35 Euro sowie ggf. anfallende Abschleppkosten, denn ein Fahrzeug ohne blauen EU-Parkausweis darf bereits nach wenigen Minuten abgeschleppt werden!

Zwar berechtigt der orangefarbene Parkausweis nach § 46 Abs. 1 Nr. 11 StVO nicht auf dem Parken von Schwerbehindertenparkplätzen, dafür aber gelten alle anderen zusätzlichen Vergünstigungen des blauen Parkausweises auch für das Parken mit dem orangefarbenen Parkausweis. So berechtigt der orangefarbene Parkausweis ebenfalls unter anderem zum Parken

- von bis zu 3 Stunden im eingeschränkten Halteverbot (Wichtig: Wer bis zu 3 Stunden im eingeschränkten Halteverbot parkt, muss eine eingestellte Parkscheibe gut sichtbar im Kfz auslegen, da er andernfalls eine Ordnungswidrigkeitsgebühr riskiert.),

- während der Be- und Entladezeiten in Fußgängerzonen,
- von bis zu 3 Stunden auf Anwohnerparkplätzen und
- von bis zu 24 Stunden auf gebührenpflichtigen, öffentlichen Parkplätzen (sofern diese nicht in Privatbesitz geführt werden).

Diese Erleichterungen dürfen nur in Anspruch genommen werden, sofern in zumutbarer Entfernung keine andere Parkmöglichkeit besteht. Die höchstzulässige Parkzeit beträgt 24 Stunden. Voraussetzung ist auch hier, dass der orangefarbene Parkausweis gut sichtbar im Fahrzeug ausliegt.

Die Einrichtung eines personenbezogenen Stellplatzes ist mit dem orangen Parkausweis nach § 46 Abs. 1 Nr. 11 StVO ausgeschlossen, da diese ausschließlich schwerbehinderten Menschen mit einem blauen Schwerbehinderten-Parkausweis zusteht.

Kfz-Gebühren

Entstehen schwerbehindertenbedingt Gebühren beim Technischen Überwachungsverein (TÜV) oder der Straßenverkehrsbehörde (z. B. Eignungsgutachten, Eintragung besonderer Bedienungseinrichtungen oder Auflagen im Führerschein), kann ggf. eine Gebührenermäßigung oder -befreiung gewährt werden. Gebühren, die auch ohne die Behinderung zu entrichten wären (z. B. für die regelmäßige Überprüfung des Fahrzeugs), sind ungekürzt zu zahlen.

Berücksichtigung der Kfz-Fahrtkosten bei Ihrer Steuererklärung

Für beruflich veranlasste Fahrtkosten kann ein schwerbehinderter Mensch pro Fahrt zwischen Wohnung und täglicher Arbeitsstätte die tatsächlich nachgewiesenen Fahrtkosten oder alternativ 0,30 Euro je gefahrenen Kilometer (Hin- und Rückfahrt) bei seiner Steuererklärung als Werbungskosten absetzen, wenn er nachfolgende Voraussetzungen erfüllt:

- ein GdB von mindestens 70 oder
- ein GdB zwischen 50 und unter 70 sowie zusätzlich eine erheblich eingeschränkte Gehfähigkeit (Merkmal „G" oder „aG")

Weiterhin können bei Erfüllung der Voraussetzungen Parkgebühren als Werbungskosten abgesetzt werden. Für eventuelle Leerfahrten, das heißt das Hinfahren und Abholen durch einen Fahrer, können ebenfalls 0,30 Euro je Kilometer angesetzt werden.

Alle anderen schwerbehinderten Menschen können für die Fahrt zwischen Wohnung und Arbeitsstätte nur die einfache Entfernungspauschale (nur Hinfahrt) geltend machen.

Für nicht beruflich veranlasste Fahrten können Kfz-Kosten neben dem Behinderten-Pauschbetrag in angemessenem Rahmen wie folgt berücksichtigt werden:

- GdB von 70 und dem Kennzeichen „G" im Ausweis oder einem GdB ab 80: Es können bis zu 3.000 Kilometer jährlich als außergewöhnliche Belastung bei der Steuererklärung geltend gemacht werden.
- Merkzeichen „aG", Merkzeichen „Bl" und Merkzeichen „H": Es können neben den unvermeidbaren Fahrten auch Fahrten für Freizeit, Erholung und Besuchsfahrten bis zu 15.000 Kilometer im Jahr geltend gemacht werden.
- Pro Kilometer kann ein Aufwand von 0,30 Euro angesetzt werden.

Beitrittsrecht schwerbehinderter Menschen zur gesetzlichen Krankenversicherung

Nach Feststellung der Schwerbehinderung haben schwerbehinderte Menschen die Möglichkeit, innerhalb von 3 Monaten in die gesetzliche Krankenversicherung einzutreten, sofern die schwerbehinderte Person, ein Elternteil oder der Ehepartner in den letzten 5 Jahren vor dem Beitritt mindestens 3 Jahre versichert waren. Eine Ausnahme ist möglich, wenn Sie wegen Ihrer Behinderung diese Voraussetzungen nicht erfüllen konnten. Die gesetzlichen Krankenkassen können das Beitrittsrecht vom Alter des schwerbehinderten Menschen abhängig machen.

Praxis-Tipp:

Nähere Auskünfte hierüber erhalten Sie bei der gesetzlichen Krankenkasse.

Mehrbedarf bei den laufenden Leistungen für schwerbehinderte Menschen mit Merkzeichen „G"

Schwerbehinderte Menschen mit dem Merkzeichen „G" vor dem 65. Lebensjahr, die nicht erwerbsfähig im Sinne der gesetzlichen Rentenversicherung sind, haben einen Anspruch auf Mehrbedarf (17 Prozent der maßgebenden Regelleistung) bei den laufenden Leistungen zum Lebensunterhalt nach dem Bundessozialhilfegesetz, den Leistungen der Grundsicherung und den Leistungen beim Bezug von Arbeitslosengeld II (Hartz IV).

Praxis-Tipp:

Fragen hierzu beantwortet das Sozialamt bzw. das Grundsicherungsamt des für Ihren derzeitigen Wohnsitz zuständigen Bezirksamts oder die Agentur für Arbeit.

Sonstige Nachteilsausgleiche

Euro-WC-Schlüssel für Behindertentoiletten

Häufig sind öffentliche Toiletten derart verschmutzt, dass sie von schwerbehinderten Menschen nicht benutzt werden können. Aus diesem Grund hat der „Club Behinderter und ihrer Freunde in Darmstadt und Umgebung e. V." (CBF) ein einheitliches Schließsystem entwickelt. Mit dem Euro-WC-Schlüssel lassen sich Behindertentoiletten an zahlreichen Autobahnraststätten sowie in vielen Städten in der Bundesrepublik, in Österreich, der Schweiz und bereits in einigen weiteren europäischen Ländern aufschließen.

Dies ist besonders für Darmkrebspatienten interessant, die ein Stoma haben. Weiterhin können Menschen mit dem Merkzeichen „aG", „G", „B", „H" oder „Bl" sowie Menschen, die an Multipler Sklerose, Morbus Crohn, Colitis ulcerosa leiden oder Menschen mit einer chronischen Blasen- oder Darmerkrankung beim Club Behinderter und ihrer Freunde in Darmstadt und Umgebung

e. V. einen Toilettenschlüssel für Behindertentoiletten von derzeit 23 Euro erwerben.

Als Nachweis reicht ein gültiger deutscher Schwerbehindertenausweis, wenn der Ausweis entweder das Merkzeichen „aG", „B", „H" oder „Bl" oder das Merkzeichen „G" und einen GdB von 70 oder höher (80, 90 oder 100) enthält.

Praxis-Tipp:

Für die Beantragung des Euro-WC-Schlüssels ist eine Kopie des Schwerbehindertenausweises, bei Morbus Crohn oder Colitis ulcerosa ein ärztlicher Nachweis erforderlich. Diese Unterlagen schicken Sie zusammen mit dem Antrag an CBF Darmstadt e.V., Pallaswiesenstraße 123a, 64293 Darmstadt.

Weitere Informationen finden Sie unter: www.cbf-da.de

Ermäßigung von Eintrittsgeldern

Teilweise erhalten schwerbehinderte Menschen Rabatte auf die Eintrittspreise für öffentliche Einrichtungen wie Museen und Schwimmbäder sowie für Konzerte, Festivals und Theater. Bei der Ermäßigung von Eintrittsgeldern handelt es sich um eine freiwillige Leistung des jeweiligen Betreibers oder Veranstalters.

Freien oder ermäßigten Eintritt erhält häufig entweder nur der schwerbehinderte Mensch oder nur die Begleitperson des schwerbehinderten Menschen (Schwerbehinderte mit Merkzeichen „B" im Ausweis). Im günstigsten Fall erhalten sowohl der Schwerbehinderte als auch die Begleitperson freien oder vergünstigten Eintritt. Leider kommt es immer öfter vor, dass weder dem Schwerbehinderten noch seiner Begleitperson eine Vergünstigung gewährt wird.

Praxis-Tipp:

Eine Prüfung im Einzelfall, ob eine Ermäßigung für den schwerbehinderten Menschen (und der Begleitperson, sofern das Merkzeichen „B" im Ausweis steht) gewährt wird, lohnt sich trotzdem!

Erwerbsminderungsrente

Allgemeine Informationen zur Erwerbsminderungsrente

Die Krebserkrankung selbst oder deren Folgeerkrankungen können so schwer sein, dass der Patient nach Abschluss der Krebsbehandlung für eine befristete oder gar unbefristete Zeit die Erwerbsminderungsrente beantragen muss. Dies ist dann der Fall, wenn alle Leistungen wie Kranken-, Arbeitslosengeld I und Übergangsgeld ausgelaufen sind bzw. in absehbarer Zeit auslaufen und die Finanzierung des Lebensunterhalts nicht mehr gesichert ist.

Grundsätze

Seit 01.01.2001 werden die früheren Berufs- bzw. Erwerbsunfähigkeitsrenten aus der gesetzlichen Rentenversicherung und der Knappschaftsversicherung durch die Erwerbsminderungsrente ersetzt. Diese umfasst folgende zwei Rentenarten:

- Rente wegen teilweiser Erwerbsminderung
- Rente wegen voller Erwerbsminderung

Anspruchsvoraussetzungen

Für die Rente wegen voller Erwerbsminderung gelten folgende sog. versicherungsrechtlichen Voraussetzungen:

- Erfüllung der Wartezeit von 5 Jahren
- Innerhalb dieser 5 Jahre wurden mindestens 3 Jahre Pflichtbeiträge für eine versicherungspflichtige Beschäftigung oder selbstständige Tätigkeit entrichtet.

Für die Wartezeit werden folgende Zeiten berücksichtigt und zählen somit mit:

- Beitragszeiten: Pflichtbeitragszeiten und unter bestimmten Voraussetzungen auch Zeiten des Bezuges von Krankengeld, Arbeitslosengeld, im Zeitraum vom Januar 2005 bis Dezember 2010 Arbeitslosengeld II, Übergangsgeld, Zeiten der Kindererziehung und der nicht erwerbsmäßigen häuslichen Pflege sowie freiwillige Beitragszeiten

- Ersatzzeiten: z. B. Zeiten der politischen Verfolgung in der DDR
- Zeiten aus einem Versorgungsausgleich bei Scheidung
- Zeiten aus Zuschlägen für eine geringfügige versicherungsfreie Beschäftigung: Minijob
- Zeiten aus einem Rentensplitting

Unberücksichtigt bleiben bei der Ermittlung des 5-Jahres-Zeitraums Zeiten, die Sie unverschuldet nicht mit Pflichtbeiträgen belegen konnten, unter bestimmten Voraussetzungen z. B. wegen Schwangerschaft(en) oder Arbeitsunfähigkeit. Der 5-Jahres-Zeitraum wird um solche Zeiten in die Vergangenheit verlängert, so dass Sie unter Umständen dann die erforderlichen 3 Jahre Pflichtbeiträge erfüllen können.

Diese versicherungsrechtlichen Voraussetzungen werden ausnahmsweise nicht gefordert, wenn teilweise oder volle Erwerbsminderung nach einem Arbeitsunfall oder einer Wehrdienstbeschädigung (Wehrdienst, soziale Sicherung), oder volle Erwerbsminderung innerhalb von 6 Jahren nach Beendigung einer Ausbildung eingetreten sind.

Leistungsvermögen

Die Bemessung der Erwerbsminderungsrente ergibt sich grundsätzlich aus dem Leistungsvermögen, das ein Anspruchnehmer täglich erbringen kann:

- Rente wegen voller Erwerbsminderung (weniger als 3 Stunden pro Tag) erhält, wer wegen Krankheit oder Behinderung auf nicht absehbare Zeit außerstande ist, unter den üblichen Bedingungen des allgemeinen Arbeitsmarkts mindestens 3 Stunden täglich erwerbstätig zu sein.
- Rente wegen teilweiser Erwerbsminderung (3 bis 6 Stunden pro Tag) erhält, wer mindestens 3, aber weniger als 6 Stunden pro Tag einer Beschäftigung nachgehen kann.
- Kein Rentenanspruch auf Erwerbsminderung (6 Stunden und mehr pro Tag) besteht, wer ein Leistungsvermögen von mindestens 6 Stunden täglich erbringen kann. Damit ergibt sich keine rentenrechtlich relevante Erwerbsminderung.

Ausnahme: Kann ein Versicherter ausgehend von seinem Gesundheitszustand noch über 3 Stunden, aber weniger als 6 Stunden täglich erwerbstätig sein und steht ihm kein entsprechender Teilzeitarbeitsplatz zur Verfügung, erhält er Rente wegen voller Erwerbsminderung.

Im Unterschied zum bis 31.12.2000 geltenden Recht sind Versicherte bei einem aus gesundheitlichen Gründen entsprechend geminderten Leistungsvermögen auch dann voll erwerbsgemindert, wenn sie weiterhin eine selbstständige Tätigkeit ausüben.

Anspruchsdauer

Die Erwerbsminderungsrente wird nur auf Antrag gewährt. Sie wird in der Regel als Zeitrente, das heißt befristet für längstens 3 Jahre nach Rentenbeginn, gewährt. Die Befristung kann wiederholt werden. Besteht der Rentenanspruch unabhängig von der jeweiligen Arbeitsmarktlage und ist es unwahrscheinlich, dass die Minderung der Erwerbsfähigkeit behoben werden kann, wird die Rente unbefristet als Dauerrente bewilligt.

Umwandlung

Eine Rente wegen teilweiser Erwerbsminderung kann bei Vorliegen der Voraussetzungen auf Antrag in eine Rente wegen voller Erwerbsminderung umgewandelt werden. Ebenso ist unter Umständen auf Antrag eine Umwandlung der Rente wegen teilweiser oder wegen voller Erwerbsminderung in Altersrente möglich. Bei Erreichung der Regelaltersgrenze erfolgt die Umwandlung in Regelaltersrente von Amts wegen, das heißt ohne Antrag.

Hinzuverdienst

Erzielt ein Rentenversicherter neben der Erwerbsminderungsrente weitere Einkünfte in Höhe von monatlich mehr als 450 Euro (brutto), kann die Rente unter Umständen nur noch in geringerer Höhe oder überhaupt nicht mehr ausgezahlt werden (Hinzuverdienstgrenzen). Besteht neben der Erwerbsminderungsrente Anspruch auf Rente aus einer Unfallversicherung, kann es zum vollen oder teilweisen Ruhen der Erwerbsminderungsrente kommen.

Antragstellung

Die Erwerbsminderungsrente wird nur auf Antrag gewährt.

Vor Antragstellung sollte direkt bei dem Rentenversicherungsträger ein Beratungstermin vereinbart werden. Hier ist zuerst abzuklären, ob die rentenversicherungsrechtlichen Erfordernisse (z. B. Versicherungszeiten, Nachweise) erfüllt sind, alle Unterlagen bei der Rentenversicherung vorliegen und ob ein Anspruch und in welcher Höhe besteht. Hierzu empfehle ich, alle vorhandenen Rentenunterlagen, Personalausweis sowie die Rentenausweisnummer zum Beratungstermin mitzunehmen.

Erstellen Sie sich vor dem Termin eine Liste mit Fragen, die Sie mit der Rentenversicherung klären möchten.

Checkliste: Beratungstermin mit der Rentenversicherung

- Sind die Voraussetzungen für den Bezug einer Erwerbsminderungsrente erfüllt?
- Liegen alle erforderlichen Unterlagen vor? Falls nein, was fehlt?
- Klären Sie Ihre persönlichen Fragen anhand Ihrer erstellten Frageliste – noch vor der Antragstellung.
- Bitten Sie um eine schriftliche Berechnung der Erwerbsminderungsrente (brutto und netto) und nehmen Sie diese auch mit nach Hause.
- Bitten Sie um Aushändigung der Antragsunterlagen zum Ausfüllen für Zuhause.
- Vereinbaren Sie – wenn möglich – einen erneuten Termin zur Antragstellung. Der Antrag ist sehr umfangreich und nicht innerhalb von wenigen Minuten auszufüllen. Außerdem müssen meist umfangreiche Unterlagen beigelegt werden.

Für den Antrag auf Erwerbsminderungsrente benötigen Sie von sämtlichen Ärzten, bei denen Sie in Behandlung sind, aktuelle Befundbriefe, die Sie mit einreichen sollten.

Bitten Sie deshalb Ihre behandelnden Fachärzte frühzeitig (etwa 4 bis 6 Wochen) vor Antragstellung um Übersendung eines aktuellen, ausführlichen Befundbriefs an Ihren Hausarzt und eine Kopie an Sie selbst. Es empfiehlt sich, ggf. entstehende Kosten für den Befundbrief und das Porto selbst zu tragen.

Natürlich wird die Rentenversicherung ebenfalls einen ärztlichen Befundbericht von Ihren behandelnden Ärzten anfordern. Das geschieht jedoch mit einem Formular, auf dem detaillierte Informationen über die Auswirkung/Behandlung nur sehr wenig Platz haben. Diese (fehlenden) Angaben sind aber unter Umständen für die Beantragung sehr wichtig. Daher ist es sinnvoll, eine Kopie dieser ausführlichen Befundbriefe bereits dem Antrag beizulegen.

Besondere Bedeutung bekommen diese wichtigen ärztlichen Befundbriefe Ihrer behandelnden Ärzte bei der Begutachtung durch den Gutachter. Dieser kann sich anhand der Befunde Ihrer behandelnden Ärzte einen besseren Eindruck über Ihre Erkrankung machen. Wer ohne entsprechende Krankenunterlagen zu einer Begutachtung geht, kann unter Umständen den Anschein erwecken, er simuliere. Wer ernsthaft krank ist, verfügt in der Regel über aussagekräftige Unterlagen, die er dem Gutachter zur Verfügung stellen kann.

Füllen Sie die Antragsformulare für die Erwerbsminderungsrente in Ruhe zuhause aus und legen Sie die erforderlichen Anlagen (Befundschreiben, Aufstellungen über Krankenhausaufenthalte, behandelnde Ärzte etc.), die aufgrund mangelnden Platzes nicht in die Formulare passen, zu den Antragsformularen.

Praxis-Tipp:

Sinnvoll ist es, einen weiteren Antrag mit einem Mitarbeiter der Rentenversicherung gemeinsam auszufüllen – selbst dann, wenn Sie die Antragsformulare bereits ausgefüllt haben.

Nutzen Sie die bereits ausgefüllten Formulare „nur" als Leitfaden für die tatsächliche Antragstellung. So können Sie ggf. noch offene Fragen klären, bekommen erforderliche Hilfestellung bei der Beantwortung und haben gleichzeitig bereits ein Eingangsdatum Ihres Antrags.

Achten Sie darauf, dass Sie – vor Abgabe – die vollständigen Antragsformulare mit Anlagen einmal vollständig für Ihre Akten kopiert oder eingescannt haben. Schicken Sie die Antragsformulare mit Anlagen, die Sie zuhause ausgefüllt haben, nur dann per Einschreiben mit Rückschein an die Rentenversicherung, wenn es Ihnen nicht möglich ist, den Antrag bei der Rentenversicherung persönlich mit einem/r Berater/in auszufüllen und dort abzugeben.

Nach Abgabe des Antrags heißt es warten. In der Regel erhalten Sie erst einen Eingangsbescheid und einige Wochen später ein Schreiben der Rentenversicherung, in dem mitgeteilt wird, dass ein Gutachter beauftragt wurde, mit dessen Namen und Anschrift. Dieser Gutachter lädt Sie dann, meistens schriftlich, in Ausnahmen aber auch kurzfristig telefonisch, zu einem Begutachtungstermin ein.

Wichtig: Sollten Sie jedoch nach 6 bis 8 Wochen immer noch keine Einladung zu einem Begutachtungstermin erhalten haben, obwohl Ihnen bereits der Name und die Anschrift des Gutachters von der Rentenversicherung mitgeteilt worden sind, fragen Sie aktiv bei der Rentenversicherung nach.

Allerdings kann auch – je nach Schwere der Erkrankung – ein Bescheid nach Aktenlage erfolgen.

Vorbereitung des Gutachtertermins

Sollte die Rentenversicherung nicht nach Aktenlage entschieden haben und Sie die Information erhalten, dass ein Gutachter beauftragt wurde, empfiehlt es sich, diesen Gutachtertermin zeitnah gut und sehr gründlich vorzubereiten.

Legen Sie für diesen Termin eine Mappe oder einen Aktenordner an, in den Sie folgende Unterlagen abheften:

- alle wichtigen und aussagekräftigen Befundunterlagen (z. B. Rehabilitationsbericht, Fach- bzw. Arztbriefe, ggf. MDK-Gutachten, Röntgenbilder, CT- und MRT-Aufnahme oder CDs etc.)
- Aufstellung über die aktuelle Einnahme und Dosierung von regelmäßig sowie nach Bedarf eingenommenen Medikamenten

- Übersicht über Krankenhaus- und Rehabilitationsaufenthalte (mit Datum)
- Übersicht über Operationen und Unfälle (mit Datum)
- Übersicht über Familien- und Erbkrankheiten
- bei Mehrfacherkrankungen eine Aufstellung über die einzelnen Erkrankungen und wer diese wann diagnostiziert hat
- Übersicht über die behandelnden Ärzte (Hausarzt und Fachärzte) mit Anschrift und Telefonnummer
- Aufstellung über die vorhandenen Beschwerden und körperlichen Einschränkungen
- Übersicht über vorhandene Allergien, Unverträglichkeiten, z. B. Betäubungsmittel-, Medikamenten-, Narkosemittel-, Lebensmittelunverträglichkeiten
- Kopien vorhandener Ausweise, z. B. Allergiepass, Diabetespass
- Übersicht über Hilfsmittel, z. B. Stoma-Versorgung, Inkontinenzversorgung, Rollstuhl, Rollator, Pflegebett, Badewannenlift, Treppenlift, elektrischer Bett-Lattenrost, Duschhocker, Gehstütze
- falls bereits vorhanden, eine Kopie des Schwerbehindertenausweises sowie des Bescheids über die Feststellung der Schwerbehinderung mit Diagnosen. Falls ein Änderungsverfahren (Verschlechterungsverfahren) läuft, können Sie das auf der Kopie vermerken.
- falls bereits vorhanden, Bescheid über Leistungen aus der Pflegeversicherung
- alle Ihnen wichtig erscheinenden Unterlagen und Befunde in Kopie

Sinnvoll ist es, diese Unterlagen in doppelter Ausfertigung zu erstellen. Eine Kopie der Unterlagen können Sie dem Arzt/Gutachter (ggf. gelocht auf einen Heftstreifen) direkt zu Beginn des Gesprächs überreichen. Eine Kopie behalten Sie für Ihre Unterlagen.

Während des Gutachtergesprächs werden Sie vermutlich aufgeregt sein. Die mitgebrachten Unterlagen können Ihnen in diesem Fall als Hilfestellung dienen, um leichter auf die gestellten Fragen antworten zu können. Außerdem können Sie sofort auf entsprechende Befunde verweisen.

Stellen Sie sich darauf ein, dass der Gutachter unter Umständen weitere Fragen stellt, die nichts mit Ihrer Erkrankung bzw. Einschränkung zu tun haben, wie nach Hobbys, Urlauben oder dem Freundeskreis. Gutachter erfragen auch intimste, sehr private und persönliche Dinge.

Halten Sie sich den ganzen Tag für die Begutachtung mit An- und Abreise frei und planen Sie keine weiteren Termine für diesen Tag ein. Eine Begutachtung kann durchaus – mit Wartezeit – 4 Stunden und länger dauern. Ist der Gutachter nicht „um die Ecke", kommt zur eigentlichen Begutachtung noch eine An- und Abfahrt hinzu.

Informieren Sie sich bereits vorab, wo die Praxis des Arztes/Gutachters liegt, wie Sie dorthin gelangen und wo Sie ggf. parken können. Sofern Sie einen Krankentransport oder das Taxi benötigen sollten, bestellen Sie dieses mindestens einen Tag vor dem Termin. Erscheinen Sie pünktlich zum vereinbarten Termin.

Manche Ärzte/Gutachter lassen Sie unter Umständen trotz Terminvereinbarung (sehr) lange warten. Hat der Gutachter nicht „um die Ecke", sondern womöglich in einer anderen Stadt seine Praxis, fällt zusätzlich eine lange Anfahrt an. Es kann also möglich sein, dass Sie viele Stunden unterwegs sind. Packen Sie daher für den Gutachtertermin eine Tasche mit allen wichtigen Unterlagen und Dingen, die Sie unter Umständen während der Abwesenheit benötigen. In jedem Fall sollten Sie folgende Unterlagen/Dinge zum Termin einpacken:

- Einladung zum Gutachtertermin (mit Anschrift und Telefonnummer, falls Sie sich doch unerwartet verspäten)
- Mappe mit den Unterlagen/Befunden für den Gutachter
- Mappe mit den Unterlagen/Befundunterlagen für Sie während der Begutachtung/Untersuchung
- ggf. vorhandene Röntgenbilder, CT- und MRT-Aufnahme oder CDs
- ggf. Stadtplan oder Navigationsgerät mit Ladekabel bei Anreise mit dem eigenen Pkw

- ggf. Fahrkarten und Platzkarten
- ggf. Medikamente
  - Medikamente, die Sie täglich einnehmen
  - Notfallmedikamente, die Sie eventuell benötigen (z. B. Notfall-Schmerzmittel, Asthmamedikamente)
  - ggf. Insulin/Blutzuckermessgerät
- ggf. eventuell notwendige Stoma- oder Inkontinenzversorgung, Katheter etc.
- ggf. alle Hilfsmittel (z. B. Hörgerät, Brille, Prothesen, Rollstuhl, Rollator)
- ggf. Getränke für die Medikamenteneinnahme
- ggf. Mahlzeit bei Unterzuckerung (z. B. belegte Brötchen)
- Lesematerial, um die ggf. sehr lange Wartezeit zu verkürzen

Begleitung zur Begutachtung

Es ist sinnvoll, in jedem Fall eine Begleitperson zur Begutachtung/Untersuchung mitzunehmen. Die Begleitperson sollte Sie mit Ihren Einschränkungen auch im täglichen Leben kennen, so dass im Zweifel nicht nur Sie, sondern auch die Begleitung auf Fragen des Gutachters entsprechend antworten kann. Sofern Sie das wünschen, kann die Begleitperson bei der Untersuchung anwesend sein.

Begutachtungstermin

Gerade bei Krebspatientinnen führen der Verlust der Haare und die Einnahme notwendiger Medikamente zu einem veränderten Aussehen. Daher ist es für viele Patientinnen wichtig, ihr Äußeres durch Schminke und bunte Tücher sowie besonders gesundes und gepflegtes Aussehen positiv zu beeinflussen. Dies kann aber bei einem Begutachtungstermin falsch ausgelegt werden.

Ein wichtiger Faktor im Begutachtungstermin ist das optische Erscheinungsbild. Erscheinen Sie am Begutachtungstag dem Anlass entsprechend angemessen. Erscheinen Sie zu einem Untersuchungstermin übermäßig gepflegt, beispielsweise als Frau stark geschminkt und schick angezogen, vermitteln Sie eher einen gesunden Eindruck. Der erste optische Eindruck kann daher schnell zu einer (falschen) Vormeinung – auch bei Ärzten – führen, was bei einer Begutachtung fatale Auswirkungen haben kann.

Stellen Sie Ihre gesundheitlichen Einschränkungen realistisch und ehrlich dar. Nur so ermöglichen Sie dem Gutachter eine realistische Einschätzung. Verschweigen Sie nichts aus Scham. Auch von Hilfsmitteln, die Sie der Art und Menge (z. B. Anzahl von Vorlagen/Windeln/Katheder) konkret mit Namen und benötigter Anzahl benennen sollten, sollten Sie dem Gutachter berichten. Falsche Scham ist nicht angebracht und schadet Ihnen. Informieren Sie den Gutachter über alle Leistungseinschränkungen und legen Sie diese Beeinträchtigung an Beispielen konkret dar. Bedenken Sie, es gibt erhebliche und nicht erhebliche (gesundheitliche bzw. körperliche) Einschränkungen bei Ihrer Formulierung.

Reden Sie selbst mit dem Gutachter und bitten Sie Ihre Begleitung, nur dann etwas zu sagen, wenn diese vom Gutachter oder Ihnen direkt angesprochen wird.

Sofern seit Antragstellung weitere Erkrankungen bzw. Einschränkungen hinzugekommen sind oder der Krebs erneut aufgetreten ist, sollten Sie dies ebenfalls dem Gutachter mitteilen. Falls es Befundberichte (z. B. Befundbriefe, Röntgenbilder, MRT-/CT-Bilder etc.) gibt, sollten Sie diese ebenfalls mitbringen.

Sollte es Ihnen derzeit nicht möglich sein, ein Fahrzeug zu führen, weil Sie sich – z. B. aufgrund der Krebserkrankung – inzwischen zu schwach dafür fühlen oder unter Konzentrationsstörungen leiden, sollten Sie das auch so sagen. Aber auch, wenn Sie ggf. mit Einschränkungen noch Auto fahren können, sollten Sie detailliert antworten.

Mit einem einfachen „Ja" können Sie keine Einschränkungen erläutern, sofern diese vorhanden sind. Erläutern Sie bei Einschränkungen konkret zeitliche und/oder räumliche Begrenzungen (z. B. maximale Fahrzeit oder Fahrstrecke). Wenn Sie nur mit einer Begleitung fahren können, sagen Sie ihm das und auch warum oder dass Sie beispielsweise nur deswegen mit dem Auto fahren, weil keine andere Möglichkeit zur Verfügung steht (z. B. keine öffentlichen Verkehrsmittel).

Berichten Sie dem Gutachter über einen ggf. besonderen Aufwand von Terminen und ggf. dessen Umfang, der aus Ihren gesundheitlichen Einschränkungen resultiert, z. B.:

- überdurchschnittlicher Zeitaufwand für Arzt-, Physiotherapie-, Lymphdrainage- oder Logopädie-Termine
- krankheitsbedingt erhöhte Körperpflege (welche, wie oft)
- Hilfe beim Ankleiden, Hilfe bei der Nahrungsaufnahme
- medizinisch bedingte Maniküre/Pediküre
- nächtliche Pflege/Betreuung (Anzahl, welche)
- nächtliches Bettenbeziehen (z. B. bei Inkontinenzproblemen, Übergeben etc.)

Wenn Sie auf Hilfe angewiesen sind, ist es sinnvoll, konkret die Personen (z. B. Schwester, Nachbarin oder Pflegedienst) sowie den Umfang der Hilfeleistung zu benennen. Erläutern Sie diesen Hilfebedarf an konkreten Beispielen (z. B. Hilfe beim Waschen oder Ankleiden etc.).

Informieren Sie den Gutachter ggf. darüber, dass Sie zu bestimmten Dingen nicht mehr in der Lage sind und wer diese Tätigkeit für Sie übernimmt bzw. welche Dinge Sie noch selbst übernehmen. Eine allgemeine Aussage, dass Ihnen jemand (Familienangehörige/Pflegedienst) hilft, reicht nicht aus, da man unter Umständen daraus interpretieren kann, dass Sie doch noch in der Lage sind, Tätigkeiten selbst auszuführen.

Aktivitäten, die Sie aus gesundheitlichen Gründen ausüben, etwa Schwimmbad-, Saunabesuche oder Gymnastik, beispielsweise zur Schmerzlinderung oder Ähnliches, sollten auch so dargestellt werden, dass es keine Freizeitaktivitäten sind.

Berichten Sie dem Gutachter, wie sich die Familiensituation darstellt (z. B. wer unterstützt Sie, wer ist dazu nicht in der Lage) und wie Ihr Freundeskreis aussieht. Haben sich der Freundeskreis und/oder Aktivitäten mit dem Freundeskreis ggf. aufgrund der gesundheitlichen Einschränkungen verändert (z. B. verkleinert oder sehen Sie Ihre Freunde nur noch selten), erläutern Sie dies an konkreten Beispielen. Vermutlich werden Sie gefragt, wie bzw. mit wem Sie Ihre Freizeit verbringen.

Wenn Sie unter Schmerzen leiden, sollten Sie nicht zusätzlich Schmerzmittel vor dem Begutachtungstermin nehmen, um diesen Zeitraum möglichst schmerzfrei „zu überstehen". Nehmen Sie vor dem Termin Schmerzmittel, kann das bei der Begutachtung zu einer falschen Einschätzung führen. Vorhandene Schmerzen dürfen und sollten Sie daher zeigen. Stellen Sie jedoch Schmerzen nicht übertrieben dar, denn dadurch könnte der Eindruck erweckt werden, dass Sie simulieren.

Befangenheit oder Fehlverhalten des Gutachters

Sollten Sie den Eindruck haben, dass der Gutachter Sie nicht ernst nimmt, Ihnen nicht oder nicht richtig zuhört oder sich abwertend äußert, können Sie den Gutachter darauf aufmerksam machen, dass er verpflichtet ist, objektiv, sachkundig und vorurteilsfrei das Gutachten zu erstellen und die Untersuchung durchzuführen. Kommt er dieser Verpflichtung nicht nach, können Sie die Untersuchung abbrechen.

Wichtig: In diesem Fall sollten Sie unbedingt einen detaillierten schriftlichen Bericht über den Ablauf der Untersuchung (z. B. Bemerkungen, Zitate) und den Grund des Abbruchs erstellen. Benennen Sie Ihre Begleitung als Zeuge und schicken Sie diesen Bericht umgehend per Fax oder Einschreiben mit Rückschein an die Rentenversicherung.

Sollten Sie sich das selbst nicht zutrauen, können Sie kostenpflichtig einen Rechtsanwalt (für Renten-/Sozialrecht) oder einen privaten Rentenberater beauftragen, damit dieser Ihre Interessen vertritt. Die Frist beträgt 14 Tage ab Begutachtungstermin. Einen privaten Rentenberater finden Sie beim Bundesverband der privaten Rentenberater im Internet unter: www.rentenberater.de. Alternativ können Sie Ihre Interessen natürlich auch durch einen Sozialverband (z. B. VdK) vertreten lassen. Achten Sie dabei aber trotzdem zusätzlich selbst auf die Einhaltung der Fristen.

Beschränkung auf ein Fachgebiet

Haben Sie einen Gutachtertermin bei einem Facharzt, wird dieser sich in der Regel auf sein Fachgebiet beschränken. Daher kann es z. B. vorkommen, dass ein Psychiater am Ende seiner Begutachtung zu dem Ergebnis kommt, dass Sie aus der Sicht des Psychiaters nicht erwerbsgemindert und somit voll arbeitsfähig sind, er aber organische Erkrankungen nicht beurteilen kann. Daher beauftragt die Rentenversicherung unter Umständen verschiedene Gutachter aus verschiedenen Fachrichtungen, um Sie zu begutachten.

Gutachten

Nach Beendigung der Begutachtung erstellt der jeweilige Gutachter ein Gutachten, das er an seinen Auftraggeber, die Rentenversicherung, übersendet. Es besteht kein Rechtsanspruch gegenüber dem Gutachter, eine Kopie des Gutachtens zu erhalten, da der Auftraggeber die Rentenversicherung ist. Allerdings kann später eine Kopie des Gutachtens bei der Rentenversicherung angefordert werden.

Erst nach Vorliegen aller beauftragten Gutachten entscheidet die Rentenversicherung über die Zuerkennung der Erwerbsminderungsrente.

Zuerkennung der Erwerbsminderungsrente

Die Rentenversicherung hat Ihnen die volle Erwerbsminderungsrente zuerkannt. Damit ist das Verfahren zwar abgeschlossen, aber Sie sind noch nicht im Besitz der Gutachten, die Sie für eventuelle weitere, zukünftige Verfahren benötigen.

Wichtig: Beantragen Sie daher schriftlich bei der Rentenversicherung die Überlassung der Gutachten. Sollte die Rentenversicherung diese nur an Ihren Arzt, Rechtsanwalt oder Sozialverband schicken, bitten Sie Ihren Arzt, Rechtsanwalt oder Sozialverband, die Gutachten für Sie anzufordern.

Diese Gutachten sind von einem anerkannten Gutachter der Behörden erstellt worden und im Gegensatz zu einem einfachen Befundbrief eines Haus- und Facharztes somit hochwertiger. Viele

Behörden werten einen Befundbrief von Ihrem behandelnden Arzt häufig als Gefälligkeitsbefundbrief, auch wenn das nicht der Fall ist. Daher sind diese Gutachten beispielsweise für die Beantragung der Feststellung bzw. Änderung einer Schwerbehinderung oder von Leistungen aus der Pflegeversicherung etc. außerordentlich wichtig.

Ist das Gutachten negativ für Sie, nehmen Sie es nur zu Ihren Akten. Mit einem negativen Gutachten wurde Ihrem Antrag auf Erwerbsminderungsrente vermutlich nicht stattgegeben. Legen Sie in diesem Fall Widerspruch gegen den Ablehnungsbescheid oder die Zuerkennung einer nur halben Erwerbsminderungsrente ein. Dann kommt es in der Regel zu einer Neubegutachtung.

Eventuell haben Sie in den letzten Monaten viel Zeit im Krankenhaus, in einer Rehabilitationsklinik, bei Ärzten sowie Gutachtern verbracht und nun, nachdem die Rente bewilligt wurde, wollen Sie einfach keinen Arzt mehr sehen. Dieses Verhalten ist nachvollziehbar, aber nicht klug, denn in der Regel wird die Erwerbsminderungsrente auf Zeit, das heißt befristet, genehmigt.

Spätestens 3 Monate vor Ablauf der Befristung müssen Sie neue Anträge auf Erwerbsminderungsrente und Verlängerung der Schwerbehinderung oder gar auf Leistungen aus der Pflegeversicherung stellen, für die Sie erneut ärztliche Befundberichte von Ihren behandelnden Ärzten benötigen.

Selbst wenn Ihnen die Deutsche Rentenversicherung die Erwerbsminderungsrente unbefristet zugesprochen hat, bedeutet das nicht, dass sie die Voraussetzungen für die volle Erwerbsminderungsrente nach z. B. 5 Jahren nicht noch einmal überprüft.

Nehmen Sie daher weiterhin die regelmäßigen Arzttermine – insbesondere auch bei Fachärzten – wahr, sofern die gesundheitlichen Beeinträchtigungen weiter bestehen.

Ablehnungsbescheid der Erwerbsminderungsrente/Widerspruch

Wurde die volle Erwerbsminderungsrente abgelehnt oder nur eine halbe Erwerbsminderungsrente zuerkannt, können Sie binnen der Widerspruchsfrist von 1 Monat nach Erhalt des Bescheids Widerspruch einlegen.

Den Widerspruch können Sie selbst einlegen. Ich empfehle Ihnen aber, schnellstmöglich einen Anwalt (spätestens für die Begründung) zu beauftragen oder Ihre Interessen von einem Sozialverband (z. B. VdK) vertreten zu lassen, sofern Sie Mitglied sind. Dieser kann für Sie den Widerspruch einlegen bzw. begründen und Sie weiter rechtlich beraten.

Muster: Widerspruch gegen den Ablehnungsbescheid

Klaus Mustermann
Musterstraße 17
68400 Musterdorf

Anschrift der Rentenversicherung

Datum

Einschreiben mit Rückschein

Versicherungsnummer

Sehr geehrte Damen und Herren,

gegen Ihren Bescheid vom ______________________ lege ich hiermit fristgerecht Widerspruch ein.

Die Begründung bleibt vorbehalten und wird nach Einholung einer Rechtsberatung nachgereicht.

Mit freundlichen Grüßen
Klaus Mustermann

Rückkehr in den Beruf

Informieren Sie sich

Nicht jeder ist nach so einer schweren und langen Krebserkrankung in der Lage, direkt wieder Vollzeit zu arbeiten. Wer sich das zutraut, soll dies natürlich versuchen.

Wer nach einer langen Krebserkrankung eine Wiedereingliederung nach dem Hamburger Modell durchführen möchte, sollte sich zuerst einmal bei seiner Krankenkasse informieren, ob ein Anspruch hierfür (noch) besteht oder ob das Budget bereits durch das erhaltene Krankengeld ausgeschöpft ist.

Bestätigt Ihre Krankenkasse, dass eine Wiedereingliederung nach dem Hamburger Modell möglich ist, dann sollten Sie jetzt Ihren Arbeitgeber um Zustimmung bitten.

Zustimmung des Arbeitgebers

Wichtig: Grundsätzlich bedarf es der Zustimmung des Arbeitgebers, wenn dies in einer stufenweisen Wiedereingliederung erfolgen soll.

Allerdings hat das Bundesarbeitsgericht (BAG) hier eine Ausnahme für schwerbehinderte Arbeitnehmer geschaffen. Diese haben nach § 164 Abs. 4 SGB IX einen grundsätzlichen Anspruch auf eine Zustimmung des Arbeitgebers zur stufenweisen Wiedereingliederung (BAG, Urteil vom 13.06.2006, Az.: 9 AZR 229/05).

Wiedereingliederungsplan

Um eine stufenweise Wiedereingliederung umzusetzen, muss der behandelnde (Fach-)Arzt (oder alternativ Ärzte in ambulanten und stationären Rehabilitationseinrichtungen, der MDK oder der Betriebsarzt) das Leistungsvermögen beurteilen und einen entsprechenden Wiedereingliederungsplan erstellen. Dieser sollte den Beginn und das Ende der Wiedereingliederung enthalten, detaillierte Einzelheiten, Gründe für ein vorzeitiges Abbrechen, Ruhen der arbeitsvertraglichen Pflichten während der stufenweisen Wiedereingliederung und die Höhe eines ggf. zu zahlenden Arbeitsentgeltes.

Anspruch auf Entgeltersatzleistungen

Während der stufenweisen Wiedereingliederung besteht ein Anspruch auf Entgeltersatzleistungen, sofern der Anspruch auf diese nicht innerhalb der letzten 3 Jahre aufgrund des Bezugs von Krankengeld aufgebraucht wurde!

Wichtig: Die Entgeltersatzleistungen umfassen Krankengeld, Verletztengeld und Übergangsgeld. Die Entgeltersatzleistung wird max. 78 Wochen (also 6 Wochen Lohnfortzahlung durch den Arbeitgeber und 72 Wochen Kranken-, Verletzten- oder Übergangsgeld wegen derselben Krankheit) innerhalb von je 3 Jahren gezahlt. Nach Ablauf der 3 Jahre kann geprüft werden, ob ein neuer Anspruch besteht.

Besteht die Möglichkeit auf Entgeltersatzleistung nicht (mehr), besteht eventuell die Möglichkeit auf Arbeitslosengeld nach den §§ 138 oder 145 SGB III. Lassen Sie sich von Ihrer Agentur für Arbeit beraten und verweisen Sie ggf. auf die o. g. Paragrafen.

Kommen die beiden vorherigen Möglichkeiten nicht in Betracht, kann mit dem Arbeitgeber ggf. eine (geminderte) Entgeltzahlung während der stufenweisen Wiedereingliederung vereinbart werden.

Fachbegriffe und Merkzeichen

Fachbegriffe

Abdomen	Unterbauch
Adnexektomie	Ein- oder beidseitige Entfernung des Eileiters und des Eierstocks
Analgetika	schmerzstillende Mittel
Anthrazykline	Medikamente, die das Tumorwachstum hemmen
Antiemetika	Medikament zur Verhinderung von Übelkeit und Erbrechen
Colon	Darm
C-reaktives Protein (CRP)	Entzündungsparameter des Blutes
CT	Computertomographie
Embolie	Gefäßverschluss
Endometriumkarzinom	Krebs der Gebärmutterschleimhaut
Exokrin	nach außen abgebend
Exzisionsbiopsie	offene oder chirurgische Biopsie
Fatigue	Erschöpfungssyndrom
Gaster	Magen
Gestagen	männliches Sexualhormon
In situ	Übergangsgewebe (noch nicht bösartig, aber im Übergang)
Intestinum tenue	Dünndarm
Invasiv	lateinisch „invadere" – einfallen oder eindringen
Karzinom	Bösartiger Tumor, Krebs
Lymphdrainage	Therapie gegen Flüssigkeitsansammlungen im Körper
Lymphödem	Schwellungen an Hand/Arm durch Flüssigkeitsansammlungen
Mammakarzinom	Brustkrebs
Metastase	Tochtergeschwüre des Primärtumors (Haupttumors)/Verschleppung von Tumorzellen, die Tochtergeschwüre bilden
Monochemotherapie	Chemotherapie mit einem Medikament
MRT	Magnetresonanztomographie/Kernspintomographie
Oestrogen	weibliches Sexualhormon
Oestrogenrezeptor	Hormonrezeptor für das Hormon Östrogen

Off-Label-Use	Behandlung mit Medikamenten, die für diese Erkrankung nicht zugelassen sind
Onkologe	Arzt für Krebserkrankungen
Osteoporose	Knochenschwund
Ovar	Eierstock der Frau
Pankreas	Bauchspeicheldrüse
Pathologe	Arzt, der Krankheiten bzw. Gewebe untersucht
PET-CT	Positronenemissionstomographie
Pneumologie	Lungenheilkunde
Polychemotherapie	Chemotherapie mit mehreren Medikamenten gleichzeitig
Polyneuropathie	Empfindungsstörungen der Hände und Füße
Resektion	operative Entfernung des Tumorgewebes
Re-Staging	erneute Diagnostik mit dem gleichen Verfahren, mit dem die Erstdiagnose gestellt wurde
Rezidiv	Wiederauftreten, Rückfall einer Erkrankung
Rehabilitation	Wiederherstellung des Gesundheitszustandes, Wiedereingliederung ins Familien-, Berufs- und Gesellschaftsleben
Sensibilitätsstörung	gestörte Wahrnehmung von Empfindungen/ Bewegungen
Skelettszintigraphie	Diese Untersuchung soll Hinweise auf Knochenmetastasen liefern.
Staging	Stadieneinteilung der Größe des Tumors, der Anzahl der befallenen Lymphknoten und das Vorhandensein/Nichtvorhandensein von Metastasen (siehe auch Re-Staging)
Sonographie	Ultraschall
Stanzbiopsie	Gewebeprobeentnahme
Taxane	Gruppe von Chemotherapeutika, die die Zellteilung „anhält“ (= Zystostatika).
Thorax	Oberbauch
Tumor	Schwellung, Geschwulst
Tube	Eileiter der Frau
Vakuumbiopsie	spezielles Verfahren zur Gewinnung von Gewebeproben
Ventriculus	Magen

Merkzeichen

aG	Außergewöhnliche Gehbehinderung
B	Begleitung
Bl	Blindheit
G	Erhebliche Beeinträchtigung in der Bewegungsfähigkeit im Straßenverkehr
Gl	Gehörlosigkeit
H	Hilflosigkeit
RF	Ermäßigung des Rundfunkbeitrages
TBl	Taubblindheit

Literaturhinweise, Internetquellen und wichtige Kontaktadressen

Literaturhinweise

Apotheken-Umschau, Was ist Glück, Baierbrunn bei München, 01.02.2016

Arbeitsgemeinschaft der Wissenschaftlichen Fachgesellschaften e.V. (AWMF), der Deutschen Krebsgesellschaft e.V. (DKG) und der Deutschen Krebshilfe e.V. (Hrsg.): Brustkrebs, Die Erkrankung und DCIS. Leitlinienprogramm Onkologie der Arbeitsgemeinschaft der Wissenschaftlichen Fachgesellschaften e.V., der Deutschen Krebsgesellschaft e.V. und der Deutschen Krebshilfe e.V., Berlin 2009

Arbeitsgemeinschaft der Wissenschaftlichen Fachgesellschaften e.V. (AWMF), der Deutschen Krebsgesellschaft e.V. (DKG) und der Deutschen Krebshilfe e.V. (Hrsg.): Broschüre „Brustkrebs II. Die fortgeschrittene Erkrankung, Rezidiv und Metastasierung. Leitlinienprogramm Onkologie der Arbeitsgemeinschaft der Wissenschaftlichen Fachgesellschaften e. V., der Deutschen Krebsgesellschaft e. V. und der Deutschen Krebshilfe e. V., Berlin 2011

Arbeitsgemeinschaft für Krebsbekämpfung der Träger der gesetzlichen Kranken- und Rentenversicherung im Lande Nordrhein-Westfalen (Hrsg.): Krebsnachsorge zeigt Dir den Weg, gehen musst Du ihn selbst", Bochum, 03/2015

Arbeitsgemeinschaft für Krebsbekämpfung der Träger der gesetzlichen Kranken- und Rentenversicherung im Lande NRW: Zuzahlung und Befreiung – Werte 2019, https://www.argekrebsnw.de/Zuzahlung.42.0.html

Beuth, Josef: Gut durch die Krebstherapie. Von Abwehrschwäche bis Zahnfleischbluten: Wie Sie Nebenwirkungen und Beschwerden lindern, Stuttgart 2008

Bundesarbeitsgemeinschaft für Rehabilitation (BAR) e. V. (Hrsg.): Stufenweise Wiedereingliederung in den Arbeitsprozess. Arbeitshilfe, Frankfurt/Main, 09/2015

Frauenselbsthilfe nach Krebs Bundesverband e.V. (Hrsg.): perspektive. Magazin der Frauenselbsthilfe nach Krebs, Ausgabe 01/2016

Gadow, Katharina von: „Gemeinsam durch die Krebstherapie" (auch für Angehörige), Veranstaltungsreihe 05/2016

Knoche, Thomas: Finanzielle Hilfen für Menschen mit Behinderung, 7. Aufl., Regensburg 2018

Landschaftsverband Westfalen-Lippe, LWL-Integrationsamt Westfalen (Hrsg.): Behinderung und Ausweis", Münster, 04/2014

Lexa, Nadine: Das hilft mir! Nebenwirkungen reduzieren, in: Pflege e.V. (Hrsg.), Angehörige pflegen, Berlin, Nr. 4/2015, S. 8–12

Ratgeber für schwerbehinderte Menschen, Informationen zu Antragsverfahren und Hilfen, Bundesministerium für Arbeit, Integration und Soziales, Düsseldorf, September 2013

Stiftung Deutsche Krebshilfe (Hrsg.): Der blaue Ratgeber. Brustkrebs, Bonn, Stand 01/2019

Stiftung Deutsche Krebshilfe (Hrsg.): Der blaue Ratgeber. Fatigue: chronische Müdigkeit bei Krebs, Stand 12/2017

Stiftung Deutsche Krebshilfe (Hrsg.): Der blaue Ratgeber. Hilfen für Angehörige, Stand 07/2017

Stiftung Deutsche Krebshilfe (Hrsg.): Der blaue Ratgeber. Magenkrebs, Stand 03/2019

Stiftung Deutsche Krebshilfe (Hrsg.): Der blaue Ratgeber. Strahlentherapie, Stand 01/2019

Stiftung Deutsche Krebshilfe (Hrsg.): Der blaue Ratgeber. Wegweiser zu Sozialleistungen, Stand 03/2019

Internetquellen

- https://programm.ard.de/TV/arte/krebs--das-geschaeft-mit-der-angst/eid_287241241926207
- https://www.br.de/br-fernsehen/sendungen/kontrovers/krebs-geschaeft-angst-story-100.html
- https://www.arbeitsagentur.de
- https://www.aerzteblatt.de
- https://www.argekrebsnw.de
- https://www.cbf-da.de
- https://www.compass-pflegeberatung.de

- https://www.deutsche-rentenversicherung.de
- https://www.deutsche-rentenversicherung.de/Braunschweig-Hannover/de
- https://www.dkmic.de
- https://www.dvb-t2hd.de
- https://www.etsy.com/de
- https://www.formulare-bfinv.de
- https://www.gutbehuetet.info
- https://www.inkoservice.de
- https://www.integrationsaemter.de
- https://www.iwenv.de
- https://www.jameda.de
- https://www.johanniter.de
- https://www.klinikbewertungen.de
- https://www.koerpergesundheit.de
- https://www.komsem.de/
- https://www.krankenhausbewertung.de
- https://www.krebsgesellschaft.de
- https://www.krebsinformationsdienst.de
- https://www.leading-medicine-guide.de/Krebs-Blut
- https://www.lvr.de/de/nav_main
- https://www.malteser.de
- https://www.oncomap.de
- https://recht.nrw.de
- https://www.reha.de/patienten/
- https://www.rentenberater.de
- https://www.rundfunkbeitrag.de
- https://www.strassenverkehrsamt.de

- https://www.versorgungsmedizinische-grundsaetze.de
- https://www.weisse-liste.de/de/
- https://www.zoll.de

Wichtige Kontaktpartner

Arbeitsgemeinschaft für Krebsbekämpfung NW

Universitätsstraße 140
44799 Bochum
Telefon: 0234/89 02-0
Telefax: 0234/89 02-519
E-Mail: mail@argekrebsnw.de
Internet: www.argekrebsnw.de

Bundesagentur für Arbeit

Zentrale Auslands- und Fachvermittlung (ZAV)
Villemobler Straße 76
53123 Bonn
Telefon: 0228/713-13 13
Telefax: 0228/713-11 11
Internet: www.arbeitsagentur.de

Bundesministerium für Gesundheit

Rochusstraße 1
53123 Bonn
Telefon: 0228/9441-0
Telefax: 0228/99441-4900
E-Mail: poststelle@bmg.bund.de
Internet: www.bundesgesundheitsministerium.de/

compass private pflegeberatung GmbH

Gustav-Heinemann-Ufer 74 c
50968 Köln
Telefon: 0800/101 88 00 (kostenfreie Servicenummer)
Internet: www.compass-pflegeberatung.de

Die Johanniter

Bundesgeschäftsstelle
Lützowstraße 94
10785 Berlin
Telefon: 030/26 997-0
Telefax: 030/26 997-444
Internet: www.johanniter.de

Institut für wissenschaftliche Evaluation naturheilkundlicher Verfahren der Universitätsklinik Köln

Joseph-Stelzmann-Straße 9, Gebäude 35a
50931 Köln-Lindenthal
Telefon: (Sekretariat): 0221/478-64 14
Telefax: 0221/478-70 17
E-Mail: info@iwenv.de
Internet: www.iwenv.de

Malteser Hilfsdienst e.V.

Erna-Scheffler-Str. 2
51103 Köln
Telefon: 02 21/98 22-0
Telefax: 02 21/98 22-1499
Internet: www.malteser.de

Stichwortverzeichnis